WIZARD

ケビン・J・ダービー[著]
長岡半太郎[監修] 井田京子[訳]

アルゴトレード
完全攻略への
「近道」

より良いトレードシステムを
効率的に開発するテクニック

ALGO TRADING
CHEAT CODES

Techniques For Traders To Quickly And Efficiently Develop Better Algorithmic Trading Systems

by Kevin J. Davey

Pan Rolling

【免責事項】

　本書のデータ、情報、資料（以下「コンテンツ」と呼ぶ）は情報提供と教育目的のためのみに提供されるものである。このコンテンツは特定の証券の売買を提供、勧誘、推奨するためのものではない。本書のコンテンツを使い、本書の読者が行った投資の意思決定は、その読者の金融環境、投資目的、リスク許容量に基づいて行われた読者独自の分析によるものと解釈される。筆者とLK Trading Systems.com（KJトレーディング）やそのコンテンツ提供者はそれに基づいて行われた間違いや行動に何らの責任も負わない。読者はKJトレーディングのサイトにアクセスして得たサイト内のいかなるコンテンツも、特に許可を得ないかぎり再配布しないことに同意したとみなされる。

　筆者は、SEC（米証券取引委員会）や州の証券規制当局に登録した証券ブローカー・ディーラーや投資アドバイザーではない。また、筆者は投資アドバイスを提供する免許を得ていない。

　本書の内容は、特定の状況にある個人に向けたものではない。ここで提供している情報は、証券の売買を提案するものでもない。これらの情報は、特定の個人に向けたアドバイスではないし、本書で取り上げた証券と関係のないコメントも含まれている。

　本書は情報提供のみの目的で刊行されたものであり、特定の企業の完全な情報源として使用することを意図したものではない。本書で取り上げた企業に、本書で提供した内容のみに基づいて投資すべきではない。また、これらの企業に関して本書で提供した情報は、読者独自のリサーチによって確認しないかぎり信頼してはならない。

　個々のパフォーマンスは読者個人のスキル、費やした時間、努力に依存する。得られる結果は模範的な結果ではない場合もあり、それぞれに異なる。

　アメリカ政府によって求められている免責事項　本書を利用した場合、CFTC（米商品先物取引委員会）は読者が以下の事項に同意したものとみなす。

　先物およびオプショントレードは巨額の利益をもたらす可能性があるが、潜在的リスクも大きい。先物およびオプション市場に投資するときは、リスクに留意し、リスクを進んで受け入れなければならない。失ってはならないお金でトレードしてはならない。本書は先物、株式、またはオプションを売買することを勧誘または提案するものではない。また、本書に書かれているような損益を確保できることを保証するものでもない。いかなるトレードシステムや手法の過去の実績も、将来の結果を示すものとは限らない。

　CFTCの規則4.41　仮説に基づいた、あるいはシミュレートした結果には一定の限界がある。実際のトレード記録とは違い、シミュレーション結果は実際のトレード結果を示すものではない。また、トレードが執行されなかったために、流動性の欠如などといった市場ファクターの影響（もしあれば）を受けて予想を超えたり下回ったりすることがあるのは、トレードやシミュレーションの多くが後知恵によって設計されているという事実に依拠する。いかなる口座も本書で提示されているような損益を獲得することを保証するものではない。

　また、いかなる口座も本書で述べているような損益を達成することに対して一切の表明も行わない。実際のお金を投資することを決めた場合、すべての意思決定は本人の責任の下で行うものとする。

監修者まえがき

　本書は、アルゴリズムトレードの草分けで第一人者でもあるケビン・J・ダービーが著した"ALGO TRADING CHEAT CODES : Techniques For Traders To Quickly And Efficiently Develop Better Algorithmic Trading Systems"の邦訳である。ダービーの著書としては、すでに『アルゴトレードの入門から実践へ──イージーランゲージによるプログラミングガイド』『システムトレード　検証と実践──自動売買の再現性と許容リスク』（いずれもパンローリング）があり、好評を博している。

　本書は原書のタイトルに"cheat codes"とあるように、正攻法のやり方に対する裏技的なヒント集という位置づけであり、したがって著者はこれを初心者向きではないとしている。しかし、アルゴトレーダーを志す人にとって各章はどれも検証不可避の極めて重要な事項ばかりで、どこをどう読んでもむしろ本書こそ初心者・初級者が最初のころに読むべき内容だと私は感じる。

　確かにアルゴリズムトレード自体は、いまやそれほど難しいものではなく、データ取得・整備やコーディング技術習得が簡単ではなかった時代と比較すれば、間違いなく格段に容易になっている。だが、現実にそれを実践する人がそれほど多くないのは、著者が結論に書いているように、そこに至るまでの過程で袋小路がたくさんあり、トレード戦略の開発者たちはほとんどの時間を無益なアイデアの追求に浪費しているからだ。

　私自身この分野に30年に以上にわたって携わってきたが、実際それに費やした努力や時間の98％は無駄であった。個人的にはそれらの挑戦がまったく意味がなかったとは思わないが、その道程はシーシュポスが巨石を丘の上に運び上げようとする試みにも似た苦行の日々に等

しい。これからアルゴリズムトレードを行おうとする読者は、わざわざそうした遠回りをする必要はないだろう。

　本書は先人たちのそうした轍を踏むことなく、一気に目的地まで読者を運んでくれるファストパスのようなものだ。自分が若いころにこの本があったならどんなに良かったことだろうと痛切に思う。

　ところで、アルゴリズムトレードに関してなじみがない読者は、本書に示された検証結果のほとんどが損失に終始していることに驚かれたかもしれない。そうした結果が淡々と記載されているのは、著者が知的に極めて誠実であることの証拠でもあるのだが、ここでの検証対象である商品先物のように、リターンが対称的な分布を持つものは手数料とスリッページを考慮すれば、通常は検証結果のパフォーマンスは負になる。逆に本書には示されていないが、株式や債券のように、それ自体が価値を増大させる（あるいはキャッシュフローを生む）資産を対象に検証すれば、たいていの検証結果は正になる。読者の方もご自身の手でぜひ確かめていただきたい。

　翻訳にあたっては以下の方々に感謝の意を表したい。まず井田京子氏には正確で読みやすい翻訳を、そして阿部達郎氏は丁寧な編集・校正を行っていただいた。また本書が発行される機会を得たのはパンローリング社社長の後藤康徳氏のおかげである。

2022年7月

長岡半太郎

2

目次

CONTENTS

監修者まえがき   1

はじめに   9

私のアルゴブック   15

第1章
アルゴトレードは以前よりも難しくなっているのか   19

第2章
フルタイムのアルゴトレード   25

第3章
アルゴトレードに関する15のヒント   33

第4章
時間枠に関する研究   43

第5章
平均回帰に関する研究   55

第6章
戦略をリスクから守るテクニック   83

第7章
強気相場や弱気相場でのトレード   105

第8章
最良の手仕舞い法   149

第9章
リワード・リスクの研究   179

第 10 章
利益や損失の足が何本で手仕舞うのがよいかの研究　　201

結論　　223

ボーナス資料を入手しよう　　231
著者について　　233

本書を私の子供たち、オーウェンとキャスリンとアンドリューに捧げる。君たちもいつの日かトレーダーになりたいと思うかもしれない。

妻のエイミーへ。また、このようなことができるのを可能にしてくれてありがとう。

はじめに
Introduction

　本書を読む前に伝えておきたい。この本は白黒版でサイズの制約もあるため、図版が判別しにくいところもあるかもしれない。そのときは、eメールで私（kdavey@kjtradingsystems.com）に知らせてもらえれば、そのチャートや図や表をカラーの電子版で送る。手間が掛かることをお詫びする。

　もしあなたがアルゴトレードの初心者か、アルゴトレードが何かすら知らない人ならば、ここで読むのをやめるべきだ。本書はあなた向きではない——少なくとも今の時点では。それよりも、『アルゴトレードの入門から実践へ——イージーランゲージによるプログラミングガイド』（パンローリング）のほうが適しているのかもしれない。

　もしあなたが経験豊富なアルゴトレードの専門家で、自分のリスク調整後のパフォーマンスに満足しているのならば、本書を読んでも新しい発見はあまりない可能性がある。それよりも、これまでの方法を続けるほうがよいのかもしれない。

　しかし、もしあなたがほかの多くの人たちのように、初心者から専門家の間の段階にいるのならば、運が良い。本書は、中途半端なレベルで行き詰まっている多くの人たち、つまりトレードを向上させるためのアイデアやヒントを探しているアルゴトレード経験者に向けたものだからだ。本書はあなたのようなトレーダーのために書いた。

本書では、私がこの１～２年に自分のアルゴトレードを改善する目的で行ってきた研究の多くを紹介している。私の研究結果を参考にして、あなたのトレード戦略を改善してみてほしい。

　ちなみに、本書ではポジションサイズ、トレード心理、ポートフォリオ管理などのテーマは扱っていない。もちろん、これらも重要であるのは間違いないが、本書の目的はアルゴトレードシステムの開発能力を向上させることにあるからだ。トレード心理はとても重要だが、アルゴ戦略自体がひどければ、あまり役には立たない。

　私は、トレードの成功はアルゴトレードシステムのエッジ（優位性）から始まると思っている。

　このことについては、次の例が分かりやすいかもしれない。

　カジノでブラックジャックをプレーするとき、長くプレーすれば、あなたが負けることはほぼ間違いない。これは、ポジションサイズや資金管理や心理や規律によって変わるものではない（頭がぼーっとしないように無料のアルコール類を断ったとしても結果は同じだ）。

　しかし、もしあなたがカウンティングという実績あるエッジを身に付けたとしよう。このエッジに、心理コントロールと資金管理を併せてプレーすれば、長期的には勝つことができる。だからこそ、カジノはエッジを持ったプレーヤーを嫌い、いずれあなたを出入り禁止にするだろう。

　トレードにも同じことが言える。エッジを生かすためには、トレードのそのほかの部分もすべて重要になる。要するに、まず必要なのは良い戦略であり、だからこそ本書はアルゴ戦略を改善するテクニックに絞って書いている。

本書は４つの部分で構成されている

全般的なヒントと役に立つアドバイス

第１章　アルゴトレードは以前よりも難しくなっているのか　最近の
　　　　アルゴトレードはどうなっているのか。将来はどうなってい
　　　　くのか。

第２章　フルタイムのアルゴトレード　それは可能なのか。この分野
　　　　で役立つアドバイス。

第３章　アルゴトレードに関する15のヒント　私が長年かけて学ん
　　　　だヒント。あなたのトレードの助けになるだろう。

仕掛けを改善する

第４章　時間枠に関する研究　最良の時間枠はどれか。最悪は。その
　　　　理由は。

第５章　平均回帰に関する研究　私は平均回帰を用いた有名無名の手
　　　　法をいくつか調べた。これらをどのように使えば、良い戦略
　　　　を構築できるだろうか。

今ある戦略を改善する

第６章　戦略をリスクから守るテクニック　今ある戦略のリスクをさ
　　　　らに避けるためにはどうすればよいのか。

第７章　強気相場や弱気相場でのトレード　「マクロ環境」フィルタ
　　　　ーを使ったトレードはうまく機能するのか。もしそうならば、
　　　　どのようにすればよいのか。

手仕舞い法を改善する

第8章　最良の手仕舞い法　手仕舞いに関する詳しい検証結果。

第9章　リワード・リスクの研究　最良のリワード・リスク・レシオ
　　　　はあるのか。もしあるのならば、それはどのような比率か。

第10章　利益や損失の足が何本で手仕舞うのがよいかの研究　これ
　　　　は良い手仕舞い法なのか。

　各章では、私が「チートコード」と呼んでいる検証時間短縮のための
のヒントを紹介する。私の数千時間に及ぶ研究を煮詰めて実行可能に
したアイデアが、本書の神髄と言える。読者が一から研究を行わなく
ても、私が見つけたことを、トレードや検証に利用できるようにした
のだ。

　本書でカバーできなかったテーマもいくつかあるが、それは次のウ
ェブサイトで紹介している。

金額による損切りとATR（真の値幅の平均）による損切り　私は損
　切りについて、金額による方法とATRによる方法を比較した。ど
　ちらが有利なのだろうか（https://www.kjtradingsystems.com/
　algo-trading-tip-dollar-vs-atr-stop-losses.html）。

うまく機能する15の価格パターン　このタイトルどおり、これらを
　使って独自の検証を行ってほしい（https://www.kjtradingsystems.
　com/15-algo-trading-price-patterns.html）。

**アルゴトレードではなく、バイ・アンド・ホールドでよいのではない
　か**　2009年以降の株式市場がほぼ上昇し続けていることを考えれば、
　もっともな質問だ（https://www.kjtradingsystems.com/algo-trade-
　or-buy-and-hold.html）。

私のyoutubeチャンネルで紹介しているそのほかの研究　（https://

www.youtube.com/channel/UCjTZtWVBchDTJuxy_7GjySQ）。

　本書を読み終わるころには、私のウェブサイトに新しい研究が追加されていると思う。とにかく私はアルゴトレードの研究が大好きなのだ。

　前置きはこのくらいにして、さっそく始めよう。

私のアルゴブック

My Algo Book Roadmap

　本書の発行によって、私が執筆したトレード本は5冊になった。すると、「どの本が自分に合っているのか教えてほしい」と質問されることが多くなったため、5冊を簡単に紹介しておく。選択の指針としてほしい。

『アルゴトレードの入門から実践へ──イージーランゲージによるプログラミングガイド（Introduction to Algo Trading)』（パンローリング）の第1部「アルゴトレードへの誘い──個人トレーダーがプロに勝つ方法」　アルゴトレードの世界に初めて足を踏み入れた人ならば、ぜひこの本から読んでほしい。アルゴトレードの基本と、本格的に始める前に知っておくべきことを紹介している。

『システムトレード　検証と実践──自動売買の再現性と許容リスク（Building Winning Algorithmic Trading Systems)』（パンローリング）　ほんの少しでもアルゴトレードにかかわったことがある人ならば、最も難しいのは実際に機能するアルゴトレードシステムを構築することだと気づいていると思う。私の最初の著書であ

るこの本が、それを手助けする。ここでは、独自のアルゴトレード戦略を構築するために必要なテクニックを学ぶことができる。

『アルゴトレードの入門から実践へ──イージーランゲージによるプログラミングガイド（Entry and Exit Confessions of a Champion Trader)』（パンローリング）の第2部「チャンピオントレーダーの奥義──41の仕掛けと11の手仕舞い」　アルゴトレードを試し、戦略の立て方が理解できたら、あとは新しい戦略を試し続けていくことになる。しかし、実際にはほとんどのアイデアや戦略は検証してみるとうまく機能しないため、次々とアイデアを出し続ける必要がある。そこで、ここではたくさんのアイデアを提供している。私自身が使ったことがある仕掛けや手仕舞いのアイデアもたくさん紹介している。これらを使えば、中級トレーダーが長期間、さまざまなアイデアを試していくことができる。

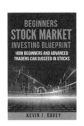

『ビギナース・ストック・マーケット・インベスティング・ブループリント（Beginners Stock Market Investing Blueprint)』　これはトレードや投資の初心者のための1冊だが、上級トレーダーにも適している。この本は、私のほかのアルゴトレード本とは違い、株式市場について書いている。先物のアルゴトレーダーの多くが、退職金口座で株のポートフォリオの運用をするときにこの本を使っている。

本書（Algo Trading Cheat Codes)　あなたが今まさに読もうとしている本。これは、中級から上級のアルゴトレーダー向けに書いたもので、新たな戦略を構築するために新しい概念や研究を探している

人に適している。私の研究結果について知ることで、アルゴシステム開発に内在する袋小路のいくつかを回避することができる。

　このように、私の本は初心者向けから上級者向けまで、さまざまなレベルの情報を網羅している。上達に合わせてこのうちの何冊かを読んでもらえたらうれしい。

第 1 章

アルゴトレードは以前よりも難しくなっているのか

Is Algo Trading Getting Harder?

　私の1冊目の著作である『**システムトレード　検証と実践──自動売買の再現性と許容リスク**』（パンローリング）が刊行されたとき、書名に「アルゴリズム」という言葉を使った編集者のことを、私はどうかしていると思った（原題は「Building Winning Algorithmic Trading Systems」）。「アルゴリズム」よりも「システム」「メカニカル」「ルールに基づいた」あるいは「クオンツ、定量的」といった言葉を使うべきだと思ったのだ。当時、アルゴリズムという言葉を使うトレーダーはあまり多くはなかった。

　しかし、私は大いに間違っていた。この何年かでアルゴトレードは爆発的な人気を博したのだ。これはグーグルトレンドで「アルゴトレード」という言葉の検索数の伸びを見ても分かる。

　この何年かで、アルゴトレードの人気も爆発した。もちろん「オーダーフロー」「プライスアクション」といった裁量トレードに関する言葉には遠く及ばないが、それでも知名度は確実に上がっている。

　ただ、人気が上がることは諸刃の剣でもある。アルゴトレーダーが増えれば、新たなエッジ（優位性）を見つけて使う人たちが増えるペースも上がる。長年利用されてきたタートルズ系の戦略が機能した時代はとうに過ぎ去った。たくさんのトレーダーがバックテストを行って、同じ有効な戦略にたどり着くことになるからだ。そのことによっ

グーグルトレンドで見た「アルゴトレード」検索数の推移

て、アルゴ戦略の「消費期限」は短くなっていくと思う。

新たに参入するアルゴトレーダーが必ずしも良いアルゴトレーダーとは限らない

その一方で、私はこれまで新人アルゴトレーダーの多くが間違ったやり方をしているのをたくさん目にしてきた。いくつか例を見ていこう。

最近では、アルゴトレードを提供するプラットフォームが少なくとも20はある（25年前にはほんのいくつかしかなかった）。そして、これらの多くは戦略を見つけるために同じようなテクニックを推奨している。それが「最適化」だ。しかし、アルゴトレードを少しでも経験したことがある人ならば、最適化は大して意味がないことを知っている。最適化をしすぎれば、非現実的なバックテストになり、実際のパフォーマンスとはかけ離れてしまうからだ。

残念ながら、これを知らない新人アルゴトレーダーは、過度な最適化を行い、不毛の何年かを過ごすことになる。先物市場において、これは経験豊富なアルゴトレーダーが有利になる。過剰な最適化によっ

て失った資金は経験豊富なトレーダーの利益になるからだ。

　新人アルゴトレーダーが失敗するもう1つの分野が、検証自動化の流行である。最近では、多くの業者が戦略開発を簡単にするための「戦略開発」機能、つまりランダムなバックテストによって過去に利益率が高かった戦略を自動的に見つけだすパッケージソフトウェアを提供している。

　ただ、検証自動化の機能を使って作った戦略は、ほとんどが使い物にならない。つまり、実際のトレードではほとんど役に立たないのだ。しかし、新人がこのことに気づくにはしばらく時間がかかり、その間の損失はやはりより優れたトレーダーの利益になる。

アルゴトレードは以前よりも難しくなってはいるが……

　これらの状況を考え合わせると、アルゴトレードは日々新たなプレーヤーが参入してくることで競争が激しくなっている。しかし、多くのトレーダーが撤退するなかで生き残った人たちは、ほんの5年前のアルゴトレーダーと比べても、より強力で適応力も増している。

　どんな仕事にも言えることだが、最も賢いトレーダーは進化し、向上していく。もし彼らのようになりたければ、先頭を走るために次のヒントを参考にしてほしい。

まずはしっかりとした基盤を築く

　プラットフォームを次々と変え、機械学習からAI（人工知能）、遺伝的アルゴリズムによる最適化まで流行のアルゴシグナルを試しては失敗しているトレーダーを私はたくさん知っている。しかし、最新の流行を次々と追いかけていっても何も得ることはできない。

アルゴトレーダーとして成功するためには、最初に戦略を構築するための実績のある方法を用いて、しっかりとした基盤を築く必要がある。しっかりとした手法に、いくつかのテクニックを組み込んでいくのだ。いずれにしても、実績ある戦略構築の過程というしっかりとした基盤から始めてほしい。

独自の方法を試す

　アルゴトレーダーの多くは、同じことを試す。時間枠は60分足などの標準的な足で、シグナルはトレードしている市場の動きに基づき、損切りや目標値はチャート上の切りの良いレベルに置かれる。

　成功する方法の1つは、みんなと違うことをすればよい。例えば、60分足を使う代わりに59分足や61分足を使うというのはどうだろうか。時間がたつにつれて、60分足を使っている大勢のトレーダーとは違う行動を取るようになっていくはずだ。

　もしシグナルがみんなよりも2～3分早く出れば、それが多少のエッジになるかもしれない。あるいは、2～3分待つ間に、弱いプレーヤーが締め出されるかもしれない、例えば、ダマシのブレイクアウトで。こんな方法でも、ほかのアルゴトレーダーと違う行動を取ることはできる。

　また、ほかの市場のシグナルを使うのも良い方法だ。例えば、金のトレードに金価格のパターンを使わないで、原油市場のシグナルが使えないだろうか。通常使われていない関係性に注目すれば、みんなとは違う行動を取ることができ、それがみんなを上回るパフォーマンスをもたらすかもしれない。

　3つ目の方法として、経験が少ないトレーダー（アルゴトレードに最近参入した人たちを含む）の考え方をしてみることもできる。チャートを見て、多くの人が損切りを置いていそうなところを推測する。

そして、みんなが売っているときに買う（またはその逆の）アルゴを作るのだ。みんなと逆を行くことで、多少のエッジが得られるかもしれない。

アルゴトレードでみんなと同じ行動を取る方法も、独自の動きをする方法もたくさんある。もし独自の行動を取れるならば、そうすべきだ。

自分の方法を常に改善していく

私は長年、アルゴトレードをしているが、戦略構築の基本的な方法は変わっていない。ただし、これは自分の方法を改善していないということではない。私は研究を続け、自分の手法や戦略を改善しようと常に試みている。例えば、私は長年の間に最適化に使うパラメータの数を減らしてきたし、ウォークフォワード分析を行うときの演算の数も減らしてきた。

つまり、私はコンテストで優勝したやり方に固執せず、自分のアルゴトレードを常に改善しようとしている。食うか食われるかのトレードの世界では、常に改善していくことが絶対に不可欠なのである。

計画的陳腐化を受け入れる

死と税金を除いて、永遠に確実なものなどないと言われている。それなのに、トレード戦略が数年とか数十年も機能すると期待すべきなのだろうか。

私のアルゴ戦略のなかには、5年以上高いパフォーマンスを上げ続けたものもあるが、これはかなりの例外だ。最高のアルゴトレーダーは、自分の戦略が永遠に機能することを願っているかもしれないが、そんなことを前提には考えていないだろう。

私にとって、これは自分の戦略を注視することであり、パフォーマンスが下がり始めたら使うのをやめるということでもある。私が最近行った研究でも、戦略がうまく機能しなくなる前にやめるべきだという結論に至った。時には、特定の月数や年数が過ぎたらパフォーマンスがどうであれ、やめたほうがよいこともある。

　真剣なアルゴトレーダーにとって、これは新たな戦略を開発し続けるということを意味している。1つの戦略をやめたら、別の新しい戦略を始めるしかない。これに関して、私は「ストラテジーファクトリー®」というアプローチを取っている。このプロセスがあることで、私は新しい戦略の開発を続け、先頭を走り続けることができている。

　重要なのは、最悪の事態に備えつつ、最高の結果を目指すということだ。

結局、アルゴトレードは難しくなっているのか

　一言で言えばイエスだが、それは必ずしも悪いことではない。進化と同じで、強い者だけが生き延びる。そのことに気づき、それに対応したトレードを続けていけば、ライバルたちの一歩先を行くことができる。

アルゴトレードのチートコード

●実際の資金を使ってリアルタイムでうまく機能した実績がある戦略開発のプロセスを使う。
●戦略に独自の要素を取り入れる（例えば、時間枠を変えてみる）。
●今の成果に満足しない――トレードを継続的に改善していく。
●戦略はいずれ機能しなくなることを理解し、すぐに新しい戦略に置き換えられるよう準備しておく。

第 2 章

フルタイムのアルゴトレード

Full Time Algo Trading

　それは毎晩起こる。眠りに落ちる直前にさまざまな考えが浮かんで
くるのだ。空想のなかの自分は南国のビーチで寝ころびながら、左手
にはカクテル、右手はスマホのトレードアプリを叩いている。あるい
は、パジャマ姿でくつろぎながら自宅のデスクに座って自動トレード
による何百件もの売買を眺めていることもある。

　これが先物や株や暗号通貨やFXをトレードしているフルタイムの
アルゴトレーダーの生活なのだろうか。それとも、ただの夢なのだろ
うか。

　多くの人が、フルタイムのトレーダーはゆったりとした素敵なライ
フスタイルのなかのほんの一時だけトレードしていると思っているが、
現実はまったく違う。あなたは、この最高に難しい仕事に向いている
のだろうか。もしそうならば、どうすればフルタイムのトレーダーに
なれるのだろうか。本章は、この2つの質問に答えていく。誤解のな
いように言っておくが、ここではアルゴリズムやアルゴトレードに関
連したことを書いていく。ただ、多くの点は裁量トレードやチャート
トレードなどの一般的なトレードにも応用できる。

そもそもあなたはアルゴトレードに向いているのか

どのような試みでも、成功するために本当に必要なことが2つある。それは意欲と才能だ。トレーダーでも配管工でも消防士でもビジネスパーソンでも、本当に成功している人は楽しんで仕事をしている。その仕事が本当にやりたいことなのだ。その仕事が好きな理由は、どんなバカげたことでも百パーセント正しい。そして、好きなことをしていれば、うまくなったり、知識を増やしたり、いずれトップを目指したりする努力も進んで行うようになる。

もちろん、意欲だけでは足りない。才能も必要だ。私は子供のころ、プロのアメリカンフットボール選手になりたかった。意欲は間違いなくあった。しかし、残念ながらやせっぽちで運動神経がない私には才能がなかった。才能と適性がなければ、あまり上達はしない。

このこととトレード（特にアルゴトレード）にはどんな関係があるのだろうか。まず、トレーダーになりたいという意欲は必要だ。あなたは、トレードすることに燃えるような情熱を持っているだろうか。また、ほとんどの時間、1人で仕事をしていくことに耐えられるだろうか。トレードは結局は1人で行う「自分対市場」の戦いであり、それは多くの人にとって難しい。また、避けることができないドローダウンに陥っても楽観的でいられ続けることができるだろうか。多くの人は、このような状況ではトレードを続けることができない。トレーダーを目指すならば、そのことは覚えておくとよい。

2つ目に、トレードの才能とスキルが必要になる。学校を出たばかりならば、おそらくトレードの経験はないだろうから、才能があるかどうかは分からない。それ以外の人たちは、フルタイムでトレードを始める前に何年もパートタイムでトレードや戦略のプログラミングを行ってきた人が多い。実際、パートタイムトレーダーの多くはフルタイムトレーダーになることを夢見ている。パートタイムトレーダーで

行ってきたトレードの成功は、フルタイムトレーダーへの意欲をかき立てる。私もそうだった。

　もしあなたもそうならば、パートタイムのトレードはうまくいっているだろうか。フルタイムトレーダーになる可能性を考える前に、できれば2～5年は安定的に利益を上げていることが望ましい。また、プログラムを作ったり検証したりするのが好きなだけでなく、そのためのスキルを身に付けているだろうか。それがすべてできていなければ、フルタイムトレーダーになってもうまくいくとは言えない。

フルタイムのアルゴトレーダーになれる確率

　現時点で、あなたは自分のトレード意欲に自信があり、パートタイムトレードの成功はフルタイムトレーダーになったときの富と喜びの前触れだと確信しているとしよう。それでは、フルタイムトレーダーになるための最良の方法は何だろうか。よくある選択肢を挙げてみよう。

パジャマのままトレードする

　フルタイムトレーダーというと、前に挙げたビーチやパジャマをイメージする人が多い。もちろんそういう人もいるだろう。私もフルタイムトレーダーとして、夜中に起きてパジャマのままトレードしたことがある。ただ、これはみんなが思うほど簡単でもなければ、楽しくもない。

　個人でフルタイムのアルゴトレーダーになるためには、まずかなりのトレード資金が必要になる。金額は人によって変わってくるが、例えば、不要なリスクをとらずに税引き前で15万ドル稼ぎたいときに、5000ドルのトレード口座で始めれば、万が一、目標を達成できたとし

ても、かなり大変なことだ。もちろん、これを簡単にできると謳うインチキ業者もいる。しかし、少額の口座は大きなリターンを上げるチャンスが訪れる前に破綻する可能性が高い（「破綻リスク」に関するさらなる情報は、https://kjtradingsystems.com/risk-of-ruin.html を参照）。

例えば、許容できるリスクのなかで年率30％という素晴らしい利益を上げているとする。しかし、収益目標を達成するためには50万ドルの資金が必要になる。ちなみに、ここでは利益分を引き出すので、トレード資金は増えないと想定しているが、もちろん増やすことに問題はない（富を築く秘訣は複利にある）。このように考えると、フルタイムの収入を得るのは簡単なことではない。

パジャマを着たフルタイムトレーダーは、トレードに付随する活動（例えば、売買シグナルを販売する）で追加的な収入を得ることもできる。ズールトレード（https://www.zulutrade.com/）というサイトでは、登録した顧客があなたのシグナルを購入することができる。もしあなたのパフォーマンスが高ければ、多くの人があなたのシグナルに殺到することになる。ストライカー（https://striker.com/）やコレクティブ２（https://trade.collective2.com/）も同様のサービスを提供している。この３つのサービスは対象の市場が違う（例えば、ズールトレードは主にFX、ストライカーは先物）。

さらには、自分の専門性を書籍やワークショップや教材として売ることもできる。トレードの知識や専門性を使って得たお金は厳密にはトレードの利益ではないが、避けることができないドローダウンの時期に収入の増減をならす助けになる。

プロップトレード

限られたトレード資金で始める場合は、プロップトレード会社を利

用するのも良い選択肢となる。普通は一定のトレード資金を提供すると、トレード会社が追加的なトレード力を供与してくれる。特に、あなたの実力が認められればより大きくトレードできる。ただ、競争は激しく、近年、多くのプロップトレード会社は廃業している。プロップ会社で得られるチャンスは以前ほど良くはない。

　プロップトレード会社のリストは https://www.traderslog.com/proprietarytradingfirms から入手できる。

「資金提供します」トレード

　最近、トレード業界に新しいビジネスモデルが登場した。私はこれを「資金提供します（We'll Fund You）」モデルと呼んでいる。それが基本的な内容だからだ。トレーダー志望者はトレード資金を得るために有料のオーディションを受ける。200〜300ドルを支払って、シミュレーション環境で自分のトレードスキルをアピールするのだ。このオーディションは、「コンバイン」（結びつける）とか「ガントレット」（挑戦）などと呼ばれている。

　このコンバインは厳しいテストで、リスク管理や利益水準やドローダウンの限度額に厳密なルールがある。参加者の多くは何回も失敗するため、主催会社にとってはテスト自体がそれなりの収入になる。テストに合格した参加者はさらなるテストを受け、最終的に少数のトレーダーが資金を受け取り、将来の利益の一部を出資会社に分配する。

　このモデルは資金が少額しかない（あるいはまったくない）人にとっては魅力的だが、このニッチな状況で成功するのはかなり難しい。この分野には、https://www.topstep.com/、https://www.earn2trade.com/、その他の会社がある。

CTA

　優れたアルゴトレーダーの多くは、いずれ独立して顧客の資金も運用したいと思うようになる。規制が多い先物トレードの世界でそれをするには、CTA（商品投資顧問業者）の資格を取る必要がある。そのうえで顧客の口座をフルタイムでトレードし、1～2％の管理手数料と、利益の15～20％を成功報酬としてもらう。

　もし実際の市場で優れた実績を示すことができれば、顧客はすぐに見つかる。例えば、100万ドルの資産を年率20％で運用できれば約6万ドルの利益を得られるため、それで自分と社員の給与と、監査や会計といった外部のサービスを賄うことができる。ただ、100万ドルはかなり小規模なので、多くのプロは運用資産が500万～1000万ドルにならなければ実行可能なモデルとは言えないとしている。

　ただ、他人の資金運用を始めると、トレードとの向き合い方は間違いなく変化する。あなたには気にならないドローダウンも、顧客は気にするかもしれない。優れたトレーダーでCTAのマーティン・シュワルツは、著作の『ピット・ブル』（パンローリング）のなかで、顧客は彼が重病で入院しているのを知っていても文句を言ってくると書いている。これは、容赦ない無情な仕事になる。

　外からの雑音は顧客だけではない。規制当局もいろいろ言ってくる。CTAは当局に登録し、定期的に監査を受ける必要がある。そうすることで、あなたが資金を持ち逃げしたりいい加減な取り扱いをしたりしないという安心を顧客に与えることができるからだ。規制や監督は、業界にとって良いことだと考えるとよい。CTAになるための情報については、https://www.nfa.futures.org/registration-membership/who-has-to-register/cta.html を参照してほしい。

　ただ、CTAになった場合の大きなデメリットには、うるさい顧客や面倒な当局への対応だけでなく、多くの時間を営業活動に割かなけ

ればならないということもある。顧客はみんな良いトレーダーに依頼したいと思っているが、そのためには開業していることを知ってもらわなければならない。つまり、大好きなトレードで成功しようとすると、皮肉なことにトレードする時間があまり取れなくなる。

プロのトレーダー

フルタイムのアルゴトレーダーにとって、大手トレード会社のトレーダーになることも「大成功」と言える。この地位に就くためには、賢くて、献身的で、同様の地位で実績を上げてきたことが求められる。最近では個人でトレードするよりもコンピューターでブラックボックス化したトレードが増えており、数学や統計学やデータサイエンスの博士号を持つ人たちの需要が高い。アルゴトレーダーは、トレード業界の主要な勢力になりつつある。

フルタイムのアルゴトレーダーにとって、これが最も厳しいことは間違いない。社内に力を貸してくれる知り合いがいなければなおさらだ。採用されるためには、何社かのトレーダーの経験やスキルを調べ、それに見合う力をつけたほうがよい。ただ、採用されたあとも本当に厳しい道のりになる。

1つの方法として、私の知り合いのトレーダーが取った独自のアプローチも参考になるかもしれない。彼は小さなCTA会社に勤め、2〜3年で素晴らしい実績を積んだあと、その記録を見せて大手のトレード会社からトレード資金を調達したのだ。これは、前述のトレードオーディションと似ているが、こちらのほうが規模も金額も大きい。

本書の読者は、中級から上級のトレーダーだと思う。もしそれならば、これまでトレード以外のことについてもたくさん書いてきたことに気づいただろう。シグナルを売ったり、トレードを教えたり、資金管理ビジネスを行ったりすることは、どれもトレードに関連してはい

るが、単純なトレードとは違う。なぜ私はフルタイムトレーダーになりたいだけの人たちに向けて、このようなことを書いているのだろうか。

　フルタイムでトレードするのは、実際にはかなり厳しい。利益を上げるだけでなく、その状態を安定的に保って行く必要があるからだ。私は、１年の最初の10カ月はトントンか赤字でも、11月と12月が大きく黒字になって、結局は良い１年に見えた、という経験を過去に何回もしている。トレードにかかわる活動は、すべてリスクを分散し、資産や収入を安定させるために行っている。もしトレード関連で自分のためだけではなく人にも提供できるサービスがあれば、やらない理由はない。

　失敗に関する統計や逸話からは、アルゴトレードが難しいことがよく分かる。フルタイムになればなおさらだ。成功するためには、市場におけるスキルと意欲と情熱が必要になる。もしそれをすべて持っている人ならば、どこを目指すかによって選ぶ道は変わるかもしれないが、成功することは可能だ。パートタイムのアルゴトレーダーがみんな夢見るフルタイムになることが実現できるかもしれない。

アルゴトレードのチートコード

●みんなが夢見るフルタイムトレーダーの生活と現実には大きな違いがあることに気づく。
●フルタイムのトレーダーになる前に、必ずパートタイムで利益を上げられるようになっておく。
●個人的な資産や資産曲線を安定させるために、トレード以外のトレードにかかわる活動（例えば、シグナルを売る）も検討する。

第 3 章

アルゴトレードに関する15のヒント

15 Algo Trading Tips

　研究を深めていく前に、私が長年のトレードとアルゴ戦略に関する研究から得たヒントを紹介しておこう。これらのヒントは戦略開発を加速し、戦略のパフォーマンスを高める助けになるだろう。

ヒント1　損切り注文は置かない

　私は、仕掛けのみの効果を見るために、手仕舞いは単純なルールにしておくことがよくある。損益に関係なく、一定数の足が形成されたあとに手仕舞うというものだ。実は、これも優れた手仕舞い法なので、私は損切り注文をまったく置かないことが少なからずある。損切り注文は安心をもたらす一方で、多くの場合（ほとんどかもしれない）パフォーマンスを下げることになる。

　もちろん、戦略を構築するときには損切り注文やトレーリングストップや利益目標を含めたくなることもある。ただ、それが結果を劇的に変えてしまう可能性があることは覚えておいてほしい。

ヒント2　複数の市場で機能するのか

　アメリカには主要な先物市場が約40あるが、私が作る戦略の多くは

そのうちのいくつかでしか機能しないし、たった1つの市場でしか使えないものもある。すべての市場で使えるパターンなどはないからだ。「この指標（あるいはパターン、戦略）はあらゆる市場で、あらゆる時期に使えます」などといった宣伝文句を耳にしたことがあると思う。しかし、これは聖杯が見つかったと思わせるためのたわ言にすぎない。

コーヒー市場でうまく機能するパターンが金市場でもうまく機能する理由があるだろうか。これらはまったく異なる市場で、参加者の多くも異なっている。同じ戦略がどの市場でもうまく機能する理由などどこにもない。

すべての市場が同じ動きを見せることを主張するために「需要と供給の法則はすべての市場に当てはまる」という人もいる。もちろん、原則はそうなのかもしれないが、需要と供給が示している具体的な内容は異なっている。例えば、最近、スポットの原油価格が一時、負の値になったが、これはすべての市場が負の値になる可能性があるということだろうか。おそらく違う。市場はそれぞれ独自に動いているからだ。

とはいえ、もし複数の市場でうまく機能する戦略があればうれしい。ただし、それは「必須」ではない。戦略開発にその条件を課すのは自由だが、それによって戦略開発が必要以上に難しくなることを知っておいてほしい。

ヒント3 さまざまな時間枠を試す

「すべての市場で機能する」パターンなど存在しないし、同じことは時間枠についても言える。パターンのなかには日足のみでうまく機能するものもあれば、異なる時間枠でうまく機能するものもある。市場ごとに調べていく必要があるのと同様に、時間枠についてもそれぞれ調べてみる必要がある。

90分足ならばうまく機能するのに、89分足や91分足ではうまく機能しないパターンは怪しいと思うが、90分足ならばうまく機能するのに、30分足や120分足でうまく機能しないパターンがあっても気にはならない。

複数の時間枠でうまく機能することを重視してもよいが、それはある1つの時間枠でうまく機能するよりもさらに難しいということも覚えておいてほしい。

ヒント4　トレードコストを必ず考慮する

ペテン師は手口の1つとしてスリッページや手数料を含まない資産曲線を見せるが、信じてはならない。彼らは、スリッページや手数料は毎回違うのだから含めないほうが適切だなどと言うが、これはまったくのたわ言だ。

戦略は、自作でも、買ったりリースしたりしたものでも、適切に評価するためには、必ずスリッページや手数料を含めた結果で見る必要がある。

スリッページや手数料を考慮しない戦略は、最適化によってトレード回数が多いシナリオになる（トレードコストがかからないならば、ぜひより多くトレードしたい）。

ほとんどの人が、考慮すべきスリッページを軽視しすぎている。成り行き注文ならばスリッページはないなどと言っている人もいるが、まったくのたわ言だ。

私が主催するストラテジー・ファクトリー・クラブでは、トレーダーに妥当な額（市場ごとに違う）のスリッページを課している。スリッページの値は、実際のトレード結果や広範囲なナンバークランチング（何十万件ものデータ）に基づいて決めている。

重要なのは、スリッページや手数料を必ず含めるということだ。

ヒント5 検証することはたくさんある

　仕掛けが有効かどうかを確認するのはもちろん重要なステップだ。ただ、これはトレード戦略を開発するときのたくさんのステップの1つにすぎない。私は、8つのステップから成る戦略開発のプロセスを作った。これらのステップの1つでも抜くと、戦略の勝率は急激に低下する。

　つまり、本書で紹介することはすべて戦略開発の始め方であり、これで終わるわけではない。出来上がった戦略は、実際のお金で試す前に、適切にテストしてすべてを自分自身で評価する必要がある。

ヒント6 成功する保証はない

　読者のなかには、私が本書で紹介する概念を実際に試して、トレードする価値がまったくないという結論に至る人がいるかもしれない。しかし、損切り注文や目標値やトレーリングストップなどを加えたために、戦略の有効性が台無しになることもある。支持線や抵抗線を使って手仕舞っていたのに、それが多くの戦略と相性が悪かったという人もいるかもしれない。

　要するに、良いパターンや良い指標は役に立っても、トレード戦略全体のほんの一部分にすぎないということだ。仕掛けと手仕舞いの相互関係が極めて重要な場合もあることを忘れないでほしい。

ヒント7 リスクを軽視しない

　新人トレーダーの10人中8人は、利益のことしか考えていない。私も始めたときはそうだったからよく分かる。しかし、利益は良いトレードに必要なことの半分にすぎない。リスクも極めて重要なのだ。通

常、リスクはドローダウンで測る。銀行の預金は、時間の経過とともにゆっくりだが確実に増えていく。銀行預金にドローダウンやリスクはない（ここでは通貨リスクやデフォルトリスクやインフレリスクについては考慮しない）。

　トレード戦略の利益も、預金のようになだらかで安定的だったら良かった。残念ながら、トレードにおいてドローダウンは避けることができない大きな部分なのである。

　そこで、戦略を評価したり実際にトレードに用いたりするときは、リスクの監視を忘れないでほしい。利益ではなくリスクに集中することは、トレーダーとして成功するための大きなステップとなる。

ヒント8　さらなる最適化がさらなる改善にはならない

　トレーダーの多くは、最適化をラジオのダイアルを回して最適な周波数に合わせる「チューニング」のようなことだと考えている（若いトレーダーは知らないかもしれないが、昔はラジオのダイアルを注意深く回して周波数を合わせていた）。最適化を重ねる人たちは、現在の市場の状況に合わせるほど、より高いパフォーマンスを上げることができると誤解している。

　チューニングによって、ラジオはより明瞭に聞こえるようになるが、トレード戦略は必ずしも良くはならない。だまされないでほしい。むしろ、最適化をしすぎれば、結果はほぼ必ず悪くなる。最適化は最小限にしてほしい。

　これだけ書けば十分だろう。

ヒント9 パターンや一般的な発見が戦略のすべてではない

　私がうまく機能する仕掛けや手仕舞いやパターンを発見して公開すると、それを使ってすぐにトレードを始めようとする人がたまにいる。しかし、それはバカげている。

　ここで紹介している研究は、アルゴトレード戦略の完成品ではなく、手掛かりにすぎないということだ。本書を読んで正しい道を進み始めてほしいが、実際の市場でトレードする前にやるべきことがたくさんある。

　私はいつも戦略の構築は工場のようなものだと思っている。アイデアやパターンは工場に納入される素材で、戦略を開発し、改善し、検証するのが「機械」だ。工場は戦略を量産するが、多くは破棄されることになる。

　工場を稼働させ続けるためには、たくさんの素材が必要になる。本書は、それを提供する手助けをしている。ただ、それらが機能するようになるかどうかはあなた次第と言える。

ヒント10 アウトオブサンプルテストも忘れずに

　私は、自分と私の受講者たちにとってうまく機能する戦略開発のプロセスを用いている。もしあなたが独自のプロセスを作るときは、「アウトオブサンプルテストも必ず行う」ということを覚えておいてほしい。

　私はウォークフォワードテストとリアルタイムの評価を使ってアウトオブサンプルの結果を得ているが、これはかなりうまく機能する。しかし、もし何か違う方法を試し、リアルタイムで本当のお金を使ってうまく機能するのであれば、より強力になる。

要するに、最適化した検証以外にもすることがある。

ヒント11 何百回も繰り返すのは良くない

検証を繰り返すほど良い戦略になると誤解している人が多くいる。しかし、これはほぼ間違っている。過度に繰り返すと、「バックテストの結果は良くなる」が、「将来の結果は悪くなる」。

バックテストを何百回も繰り返せば素晴らしい結果を得ることはできる。しかし、これからリアルタイムでうまく機能する戦略を作りたければ、繰り返しすぎないほうがずっとうまく機能する。

ヒント12 指標もパターンもうまく機能するときがある

アルゴ戦略には指標（移動平均線、RSI［相対力指数］、ADX［平均方向性指数］、ボリンジャーバンドほか）のみが機能すると思っているアルゴトレーダーがいるが、それは違う。

パターンも同じように使えるし、むしろ指標よりもうまく機能する場合もよくある。

何度も書いているように、重要なのはテストして評価することである。

ヒント13 手仕舞いも重要

多くの人が仕掛けにばかり注目しているが、トレードのほかの部分、つまり手仕舞いも軽視しないでほしい。手仕舞いは、仕掛けと同じかそれ以上に重要かもしれない。手仕舞い法が悪ければ、素晴らしい仕掛けも台無しになりかねない。

また、手仕舞いと仕掛けの相性もある。どれがうまく機能するかは

試してみなければ分からない。手仕舞い法が大きな影響を及ぼす場合もあることを覚えておいてほしい。手仕舞いを軽視してはならない。

ヒント14 心理も重要

　アルゴトレードはたくさんの数字を扱うため、トレードの人間的側面を忘れがちになる。しかし、戦略を構築するならば、自分が快適にトレードできるものでなければならないということを覚えておいてほしい。これは、実際に起こるドローダウンを許容する準備ができているかどうかということだ（ほとんどの人は、実際に直面するまでドローダウンについて考えていない）。

　戦略の利益率の高さは、実はさほど重要ではない。感情的・心理的な理由でトレードすることができなければ、その戦略で成功することはけっしてないからだ。

ヒント15 トレードで保証されていることは何もない

　多くのトレーダーがアルゴトレードについて誤解している。

1．バックテストで利益率が高くなるようにした
2．実際の市場でトレードすることにした
3．資金を投入したら、あとはくつろぎながら利益が増えていくのを
　　見ていればよい

　現実のトレードは難しい。アルゴトレードでも、裁量トレードでも、当てずっぽうでもそれは変わらない。

　そして、どれほど検証を重ねても、将来成功するとは限らない。もちろん、検証することは、実績がある戦略開発のプロセスと同様、役

に立つ。

　ただ、正しく構築した戦略でも将来失敗する可能性はあるし、実際そうなる。そうならないことを願うが、優れたトレーダーはうまく機能しない可能性を常に考えている（適切なポジションサイズ、資金管理、バックアップ戦略、正しい心理などといった歯車が成功するトレード「マシン」には欠かせない）。

アルゴトレードのチートコード

●上のヒントはどれもそれ自体がチートコードになっている。

第 4 章

時間枠に関する研究

Bar Size Study

　私は長年、トレード戦略を開発するには日足が最適だと思ってきた。私の個人的な経験から言えば、日足が最も戦略を作りやすい。

　そのうえで言えば、実は私は短い時間枠が大好きだ。日中にトレードできるし、1日に何回もトレードできるからだ。

　そう思っているのは私だけではないだろう。多くのトレーダーやトレーダー志望者が、成功するには頻繁にトレードすることがカギだと思っている。しかし、本当にそうなのだろうか。

　私はこれまで2分足や5分足といった1日に何回もトレードできるような戦略を採用してこなかったので、調べてみることにした。もしかしたら、日足や1440分足（清算価格と引値価格の違いによってこの2つは同じではないが、本書ではこれ以上は書かない）に集中してきたのは正しかったのかもしれない。さっそく見ていこう。

研究のセットアップ

単純なブレイクアウト戦略

イージーランゲージコード

```
If close=highest(close,InputVar1) then buy next bar at market;

If close=lowest(close,InputVar1) then sellshort next bar at market;
```

ここでは、InputVar1を短期（足10本）、中期（足25本）、長期（足40本）に設定した。単純なブレイクアウトアプローチを選択したのは、多くのトレーダーが使っているからだ。

　そして、同時に逆の戦略も試すことにした。これは、カウンタートレンド（平均回帰）の「逆ブレイクアウト」アプローチと言ってもよい。

```
If close=highest(close,InputVar1) then sellshort next bar at market;
If close=lowest(close,InputVar1) then buy next bar at market;
```

　これらを40の異なる先物市場で見ていく（バックアジャステッドつなぎ足）。

@AD、@BO、@BP、@C、@CC、@CD、@CL、@CT、@DX、@EC、@ES.D、@ES、@FC、@FV、@GC、@HG、@HO、@JY、@KC、@KW、@LC、@LH、@NG、@NK、@NQ、@O、@OJ、@PL、@RB、@RR、@S、@SB、@SF、@SI、@SM、@RTY、@TY、@US、@W、@YM

（AD = Australian Dollar、BO = Soybean Oil、BP = British Pound、C = Corn、CC = ICE Cocoa、CD = Canadian Dollar、CL = Crude Oil、CT = ICE Cotton #2、DX = U.S. Dollar Index、EC = Euro FX、ES.D = E-Mini S&P 500、ES = E-Mini S&P 500、FC = Feeder Cattle、FV = 5-Year T-Note、GC = Gold、HG = High Grade Copper、HO = Heating Oil、JY = Japanese Yen、KC = ICE Coffee、KW = KCBT Wheat、LC = Live Cattle、LH = Lean Hogs、NG = Natural Gas、NK = Nikkei 225、NQ = E-Mini Nasdaq 100、O = Oats、OJ = ICE Orange Juice FCOJ-A、PL = Platinum、RB = Gasoline RBOB、RR = Rough Rice、S = Soybeans、SB = ICE Sugar#11、SF = Swiss

Franc、SI = Silver、SM = Soybean Meal、RTY = E-mini Russell 2000 Index Futures、TY = 10-Year T-Note、US = 30-Year T-Bond、W = Wheat、YM = Mid-Sized [$5] Dow Industrials）

　今回は、2006年1月1日～2021年2月12日の期間で検証した。

　最後に、1分足から1440分足までの25の異なる時間枠でテストを行った（この研究で最も重要なこと）。

1、2、5、10、20、30、45、60、75、90、120、150、180、210、240、300、360、420、480、600、720、840、960、1150、1440

　仕掛けと手仕舞いはすべて成り行き注文で行うことにしているため、実際のトレードで被るスリッページと手数料を加味している。また、比較のために、スリッページと手数料を含めない検証も併せて行っていく。

　私は最初、スリッページと手数料がなければ短い時間枠のほうが有利でも、トレードコストを加えれば日足のほうがはるかに良い結果になると考えていた。結果はどうなっただろうか。

検証結果　スリッページと手数料なしのブレイクアウト戦略

　まずは損益のみで最良の時間枠を調べよう（**図1**）。

　10分未満は、スリッページと手数料がなくても結果が悪かった。これはどういうことだろうか。実は、短い時間枠のブレイクアウトはダマシがかなり多い。これはぜひ知っておいたほうがよい。

　時間枠が長くなると結果は改善し、ピークは120分足だった。つまり、

図1 利益と時間枠の関係──スリッページと手数料なしのブレイクアウト戦略

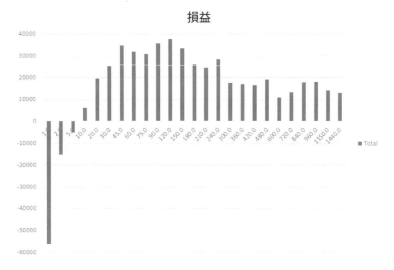

図2 最大ドローダウンと時間枠の関係──スリッページと手数料なしのブレイクアウト戦略

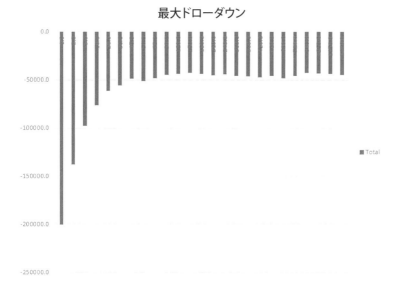

ブレイクアウト戦略では120分足が最も利益率が高くなる。

　もう１つ興味深いことがある、時間枠が長くなると（だいたい300分足から1440分足）、結果はあまり変わらず、利益率がピークを付けた120分足よりもかなり低かった。

　一方、最大ドローダウンに目を向けると、60分足以下では短い時間枠ほど最大ドローダウンが大きくなった。

　図２を見ると、少なくとも40の市場のほとんどにおいては、非常に短い時間枠は伝統的なトレンドフォローアプローチに明らかに向いていない。実は、短い時間枠の利益率のほうがはるかに高くなった市場がいくつかあった（CT、HO、RB、Ｓ）。しかし、全体として見れば、短い時間枠のほうが結果は悪かった。

検証結果 スリッページと手数料なしのカウンタ　トレンドの逆ブレイクアウト戦略

　スリッページと手数料がなければ、損益に関する前の結果は逆転するはずだ。しかし、本当にそうなのだろうか（図３）。

　予想どおり、鏡に映したように反対になった。

　一方、最大ドローダウンのほうは、短い時間枠のほうが大きいままだった（図４）。ただ、これはかなり悪いケースで、ドローダウンが大きすぎて利益を圧倒し、このような結果に至っている。

検証結果 スリッページと手数料ありのブレイクアウト戦略

　トレードコストを含めないで時間枠の違いが結果にどう影響するかを調べるのも興味深いが、実際の検証にはスリッページと手数料を含める必要がある。

図３　利益と時間枠の関係――スリッページと手数料なしの逆ブレイクアウト戦略

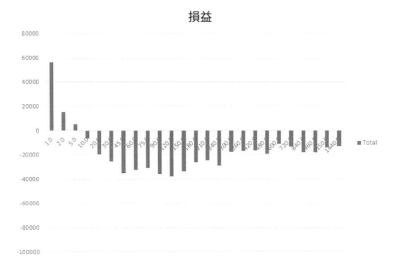

図４　最大ドローダウンと時間枠の関係――スリッページと手数料なしの逆ブレイクアウト戦略

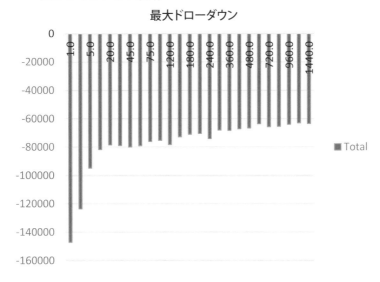

図5 利益と時間枠の関係——スリッページと手数料ありのブレイクアウト戦略

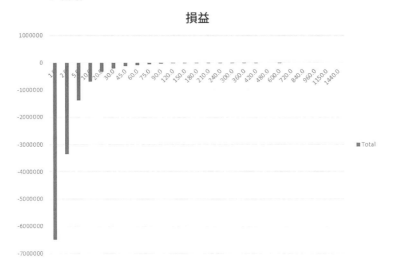

損益

図6 利益と時間枠の関係の拡大版——スリッページと手数料ありのブレイクアウト戦略

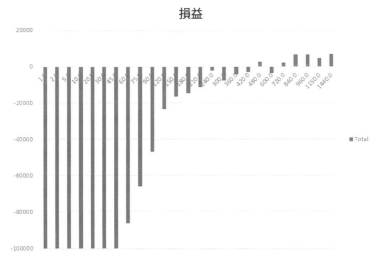

損益

図7　最大ドローダウンと時間枠の関係──スリッページと手数料ありの
　　　ブレイクアウト戦略

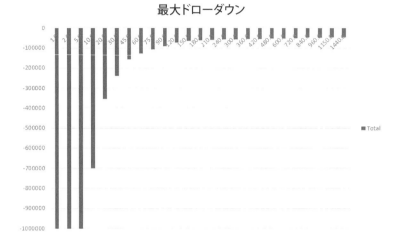

最大ドローダウン

　まずは、**図5**で損益を見ていこう。

　短い時間枠では多大な損失が出た。スリッページと手数料が積み重なった結果だ。グラフの縮尺を調整して、長めの時間枠も見ていこう（**図6**）。

　このほうがずっとよく見える。ここからは、時間枠が12時間足（720分足）以上はトレードコストを含めても利益が出ることが分かる。それにしても、短い時間枠のほうはひどい結果になった。

　今回は、最大ドローダウンについても同じような結果になった（**図7**）。

　予想どおりだった。スリッページと手数料が、明らかに短い時間枠の結果に大きく影響している。次のスリッページと手数料のグラフを見ると、そのことがさらによく分かる（**図8**）。

　図8の縮尺を調整して、長い時間枠のほうを詳しく見ていこう（**図9**）。

図8　ブレイクアウト戦略── 1 年間のスリッページと手数料の概算

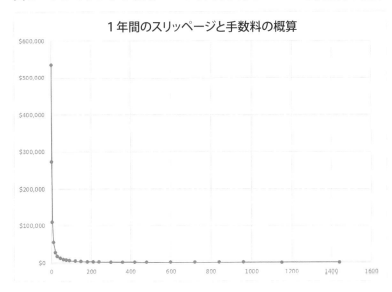

図9　ブレイクアウト戦略の拡大版── 1 年間のスリッページと手数料の 概算

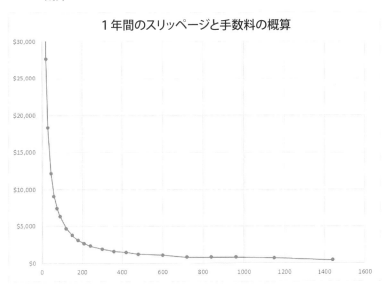

当たり前だと思うかもしれないが、トレード数が増えればスリッページと手数料も増え、それが損益を下げるということを認識しておくことは重要だ。トレード数が多いことが必ずしも良いわけではない。

検証結果 スリッページと手数料ありの逆ブレイクアウト戦略

逆（カウンタートレンド）ブレイクアウト戦略は、平均的に時間枠に関係なく利益率は高くない（**図10**）。これには、①スリッページと手数料が結果を大きく左右している、②トレンドブレイクアウト戦略で利益率が高くなる数少ないケースで逆をすれば利益率は下がる——というような理由がある。

アルゴトレードのチートコード

●スリッページと手数料は、短い時間枠でトレードするときのキラー因子になる。
●今回の研究で、短い時間枠でトレードしたければ、トレードコストを下げることに注力すべきことが分かった。その方法は2つしかない。
　①できるときは指値で注文する（ただし、そのデメリットがバックテストや実際のトレードで確認されていることも知っておく。例えばタッチフィル［その価格で売買がわずかだけ成立すること］など）。
　②トレード数を減らす。今回の検証は「常にトレードする」方法だったが、時間枠が短い場合はトレードを厳選するほうが良いだろう。
●長い時間枠のブレイクアウト戦略は、スリッページと手数料がかか

図10　利益と時間枠の関係の拡大版──スリッページと手数料ありの逆
　　　　ブレイクアウト戦略

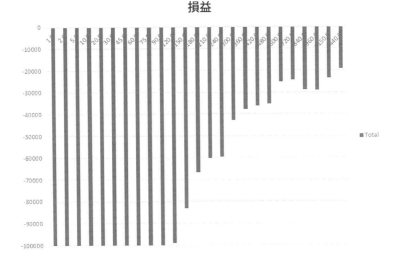

損益

ったとしても利益率が高くなる場合もある。ただ、リスク調整に基
づいたものでは、さほど素晴らしくはないのかもしれない。

●繰り返しになるが、私の研究はあくまで出発点であり、ここから独
自の手法を見つけてほしい。例えば、もし私が新しい戦略を開発す
るとしたら、長い時間枠に注目する。

第 5 章

平均回帰に関する研究

Mean Reversion Study

　多くのトレーダーは、自分はトレンドトレーダーか、平均回帰（カウンタートレンド）トレーダーだと思っている。あるいは、純粋なプライスアクショントレーダー、ローソク足愛好家、スタティスティカルアービトラージの専門家だと思っているかもしれない。

　ただ、どう名乗ろうと、結局、みんなトレンドトレーダーなのである。ある価格で買うと、だれでもそれを売るまでは価格が順行することを願う。自分をどう分類しても、このことは変わらない。トレードで利益を上げたければ、トレード中に有利なトレンドが必要になる。

　トレードをこのように考えると、前の分類はどれも高い利益を上げるトレード戦略の一部にすぎない。自分を１つのスタイルや分野に限定するのではなく、すべてのトレードスタイルについてよく学んでほしい。

　こう指摘するのは、私が長年いわゆる平均回帰トレードを避けてきたからだ。平均回帰戦略の多くは、市場の転換点を予測しようとする。私はいつも、これは落ちていくナイフをつかむのと似ていると思っている。床に落ちてから拾えばよいものを、なぜわざわざ落ちる途中でつかもうとするのだろうか。

　もちろん、これは良い「トレーダーの考え方」ではない。リスクを調整して高いリターンを上げることができれば、ただ避けるのではな

く調べるべきなのかもしれない。そこで、次のような検証をしてみた。

　本書では、これ以降の検証を次のような手順で行っていく。

●40の先物市場
●５つの異なる時間枠
●10年間のバックテスト
●スリッページと手数料あり

　実際の戦略は、シーザー・アルバレスのアイデアを基に構築していく。彼のサイト（https://alvarezquanttrading.com/）にはたくさんの優れたアイデアが載っている。私は彼のアイデアに少し変更を加えることもあれば、独自のアイデアを試すときもある。

　今回は、10の単純な平均回帰戦略を構築した。では、説明していこう。

　ちなみに、本書で紹介するほかの研究を含めて、１つの仕掛けだけで全般的に利益が上がるものではないことは分かっている。特に、40の市場と５つの時間枠を調べていけばなおさらだ。私の経験からすれば、40の市場と５つの時間枠すべてで機能する仕掛けなどない。もしあれば、それは本物の聖杯だ。今回の目的は「いつでもうまく機能する平均回帰戦略XXを使え」と勧めることではなく、ほかよりもマシかもしれない平均回帰のアプローチを見つけることにある。それが分かれば、戦略開発プロセスのすべてを最高の平均回帰戦略に集中することができるし、あなたにもそれを勧める。

　次に、私が用いているアプローチとその簡単な説明とトレードステーション用のコード（イージーランゲージコード）を紹介する。トレードステーションを使っていない人は、説明のほうを参考にしてほしい。ちなみに、「買い」のコマンドは空売りポジションを手仕舞ってから買い、「空売り」のコマンドは買いポジションを手仕舞ってから

空売りするようになっている。

　検証を多少しやすくするために、すべてのインプットを次のように最適化している。

InputVar2 = 5〜20、5きざみ（4つの値）

InputVar3 = 25〜40、5きざみ（4つの値）

inputVar4 = 0〜1、1きざみ（2つの値、オフとオン）

inputVar5 = 0〜1、1きざみ（2つの値、オフとオン）

合計64回の検証

　手仕舞いは、すべてのトレードで「仕掛けてから足7本後」に手仕舞うことにする。

```
if InputVar5=1 then begin
If marketposition=1 and barssinceentry>7 then sell next bar at market;
If marketposition=-1 and barssinceentry>7 then buytocover next bar at market;
End;
```

　上のコードはこれから詳しく紹介する戦略には含まれていないが、それぞれの戦略の最後に付け加えてほしい。

　仕掛けから手仕舞いまでを足7本としたのは、平均回帰のトレードが比較的短期になると思うからだ（日足ならば約1週間半）。結果はあとで紹介する（ネタバレ注意　あまり良くない）。

戦略 1 単純な短期 RSI

基本的な考え方

もし2期間RSI（相対力指数）が売られ過ぎになれば、買う。空売りはその逆。

仕掛け

もし2期間RSIがInputVar2を下抜いたら、次の足で買う。
もし2期間RSIが100-InputVar2を上抜いたら、次の足で空売りする。

手仕舞い

もし2期間RSIがInputVar3を上回ったら、買いポジションを手仕舞う。
もし2期間RSIが100-InputVar3を下回ったら、空売りポジションを手仕舞う。

イージーランゲージコード

```
If RSI(close,2) crosses below InputVar2 then begin
buy next bar at market;
end;


If RSI(close,2) crosses above 100-InputVar2 then begin
sellshort next bar at market;
end;
```

```
If Inputvar4=1 then begin

If marketposition=1 and RSI(close,2) crosses above InputVar3 then sell
next bar at market;

If marketposition=-1 and RSI(close,2) crosses below 100-InputVar3 then
buytocover next bar at market;

end;
```

戦略2　単純なコナーズRSI

基本的な考え方

もし２期間コナーズRSIが売られ過ぎになれば、買う。空売りはその逆。

仕掛け

もしコナーズRSIがInputVar2を下抜けば、次の足で買う。
もしコナーズRSIが100-InputVar2を上抜けば、次の足で空売りする。

手仕舞い

もし２期間コナーズRSIがInputVar3を上回れば、買いポジションを手仕舞う。
もし２期間コナーズRSIが100-InputVar3を下回れば、空売りポジションを手仕舞う。

イージーランゲージコード

```
If ConnorsRSI(3,2,100) crosses below InputVar2 then begin
buy next bar at market;
end;


If ConnorsRSI(3,2,100) crosses above 100-InputVar2 then begin
sellshort next bar at market;
end;
```

```
If Inputvar4=1 then begin
If marketposition=1 and ConnorsRSI(3,2,100) crosses above InputVar3 then
sell next bar at market;
If marketposition=-1 and ConnorsRSI(3,2,100) crosses below 100-InputVar3
then buytocover next bar at market;
end;
```

戦略3　ボリンジャーバンドストレッチ

基本的な考え方

　終値がボリンジャーバンドの下限に近づいたら、買う。空売りはその逆。

仕掛け

　まず、ボリンジャーバンドの上限と下限を計算する。次に、現在の終値とボリンジャーバンドの位置関係を計算する（下限に達したら０、

上限に達したら１）。

　もし終値が続けて２回ボリンジャーバンドの10％の線を下回ったら、買う。

　もし終値が続けて２回ボリンジャーバンドの90％の線を上回ったら、空売りする。

手仕舞い

　もし終値がボリンジャーバンドの40％の線を上回ったら、買いポジションを手仕舞う。

　もし終値がボリンジャーバンドの60％の線を下回ったら、空売りポジションを手仕舞う。

イージーランゲージコード

```
InputVar33=.0666667*InputVar3-.666667;

UpBB=BollingerBand(close,InputVar2,InputVar33);
DnBB=BollingerBand(close,InputVar2,-InputVar33);

if UpBB-DnBB<>0 then PercentB=(close-DnBB)/(UpBB-DnBB);

  If PercentB<.1 and PercentB[1]<.1 then begin
  buy next bar at market;
  end;

  If PercentB>.9 and PercentB[1]>.9 then begin
  sellshort next bar at market;
```

```
  end;

If Inputvar4=1 then begin
If marketposition=1 and PercentB>.4 then sell next bar at market;
If marketposition=-1 and PercentB<.6 then buytocover next bar at market;
end;
```

戦略4　移動平均線ストレッチ

基本的な考え方

　終値が"InputVar2"期間移動平均線を大きく下回ったら、買う。空
売りはその逆。

仕掛け

　もし"InputVar2"期間移動平均線から終値を引いた値が一定の値を
超えていたら（つまり、終値が移動平均線を大きく下回っていたら）、
買う。
　もし"InputVar2"期間移動平均線から終値を引いた値が一定の値未
満ならば（つまり、終値が移動平均線をかなり上回っていたら）、空
売りする。

手仕舞い

　もし終値が"InputVar2"期間移動平均線を上回れば、買いポジショ
ンを手仕舞う。
　もし終値が"InputVar2"期間移動平均線を下回れば、空売りポジシ

ョンを手仕舞う。

イージーランゲージコード

```
InputVar33=.5*(.004667*InputVar3-.08667);


    If -close + average(close,InputVar2) > InputVar33* average(close,InputVar2)
then begin
    buy next bar at market;
    end;


    If close -average(close,InputVar2) > InputVar33* average(close,InputVar2)
then begin
    sellshort next bar at market;
    end;


  If Inputvar4=1 then begin
    If marketposition=1 and close>average(close,InputVar2) then sell next bar
at market;
    If marketposition=-1 and close<average(close,InputVar2) then buytocover
next bar at market;
    end;
```

戦略5　ある一定の割合（％）下げたら買い、上げたら売る

基本的な考え方

終値がある一定の割合（％）下げたら、買う。空売りはその逆。

仕掛け

もし終値を"InputVar22"本前の足の終値で割った数値がInputVar33を下回っていたら、次の足で成り行きで買う。

もし終値を"InputVar22"本前の足の終値で割った数値が1－InputVar33を上回っていたら、次の足で成り行きで空売りする。

手仕舞い

もし終値を"InputVar22"本前の足の終値で割った数値が1を上抜いたら、買いポジションを手仕舞う。

もし終値を"InputVar22"本前の足の終値で割った数値が1を下抜いたら空売りポジションを手仕舞う。

イージーランゲージコード

```
InputVar22=.466667*InputVar2+.666667;

InputVar33=.0066667*InputVar3+.68333;

 If (close/(close[InputVar22]+.00001)) < InputVar33 then begin
```

```
buy next bar at market;
end;


If (close/(close[InputVar22]+.00001)) > 1-InputVar33 then begin
sellshort next bar at market;
end;
```

```
If Inputvar4=1 then begin
If marketposition=1 and (close/(close[InputVar22]+.00001))>1 then sell
next bar at market;
If marketposition=-1 and (close/(close[InputVar22]+.00001))<1 then
buytocover next bar at market;
end;
```

戦略６　連続するＮ本の上昇足・下落足

基本的な考え方

足がある一定数連続して下げたら、買う。空売りはその逆。

仕掛け

　もし設定した数（例えば、３本、４本、５本、６本）の足の終値が連続して下げたら、次の足で買う。

　もし設定した数（例えば、３本、４本、５本、６本）の足の終値が連続して上げたら、次の足で空売りする。

手仕舞い

一連の下げが止まったら、買いポジションを手仕舞う。
一連の上げが止まったら、空売りポジションを手仕舞う。

イージーランゲージコード

```
CanGoLong2=False;
CanGoShort2=False;

If InputVar2=5 and close<close[1] and close[1]<close[2] then CanGoLong2=True;
If InputVar2=5 and close>close[1] and close[1]>close[2] then CanGoShort2=True;

If InputVar2=10 and close<close[1] and close[1]<close[2] and close[2]<close[3]
then CanGoLong2=True;
If InputVar2=10 and close>close[1] and close[1]>close[2] and close[2]>close[3]
then CanGoShort2=True;
.

If InputVar2=15 and close<close[1] and close[1]<close[2] and close[2]<close[3]
and close[3]<close[4] then CanGoLong2=True;
If InputVar2=15 and close>close[1] and close[1]>close[2] and close[2]>close[3]
and close[3]>close[4] then CanGoShort2=True;

If InputVar2=20 and close<close[1] and close[1]<close[2] and close[2]<close[3]
and close[3]<close[4] and close[4]<close[5] then CanGoLong2=True;
If InputVar2=20 and close>close[1] and close[1]>close[2] and close[2]>close[3]
and close[3]>close[4] and close[4]>close[5] then CanGoShort2=True;
```

```
    If CanGoLong2=True then begin
    buy next bar at market;
    end;


    If CanGoShort2=True then begin
    sellshort next bar at market;
    end;


  If Inputvar4=1 then begin
  If marketposition=1 and CanGoLong2=False then sell next bar at market;
  If marketposition=-1 and CanGoShort2=False then buytocover next bar at
market;
  end;
```

戦略7　逆ブレイクアウト

基本的な考え方

下方にブレイクアウトしたら、買う。空売りはその逆。

仕掛け

　もし終値が過去"InputVar2"本の足の最安値ならば、次の足で成り行きで買う。

　もし終値が過去"InputVar2"本の足の最高値ならば、次の足で空売りする。

手仕舞い

　もし終値が過去"InputVar3"本の足の最高値ならば、次の足で買い
ポジションを成り行きで手仕舞う。

　もし終値が過去"InputVar3"本の足の最安値ならば、次の足で空売
りポジションを成り行きで手仕舞う。

イージーランゲージコード

```
If close=lowest(close,InputVar2) then begin
buy next bar at market;
end;


If close=highest(close,InputVar2) then begin
sellshort next bar at market;
end;
```

```
If Inputvar4=1 then begin
If marketposition=1 and close=highest(close,InputVar3) then sell next bar
at market;
If marketposition=-1 and close=lowest(close,InputVar3) then buytocover
next bar at market;
end;
```

戦略8　終値とレンジの位置関係

基本的な考え方

終値が最近のレンジの下のほうにあれば、買う。空売りはその逆。

仕掛け

終値が過去"InputVar2"本の足のレンジのどこに位置するかを計算する。結果をcrangeとする。

もしcrangeがInputVar33よりも小さければ、次の足で成り行きで買う。

もしcrangeが1-InputVar33よりも大きければ、次の足で成り行きで空売りする。

手仕舞い

もしcrangeがInputVar33よりも大きければ、次の足で買いポジションを手仕舞う。

もしcrangeが1-InputVar33よりも小さければ、次の足で空売りポジションを手仕舞う。

イージーランゲージコード

```
Inputvar33=.01*InputVar3-.15;

if (highest(high,InputVar2)-lowest(low,InputVar2))<>0 then crange=(close-
lowest(low,InputVar2))/(highest(high,InputVar2)-lowest(low,InputVar2));
```

```
If crange<InputVar33 then begin
buy next bar at market;
end;


If crange>1-InputVar33 then begin
sellshort next bar at market;
end;
```

```
If Inputvar4=1 then begin
If marketposition=1 and crange>InputVar33 then sell next bar at market;
If marketposition=-1 and crange<1-InputVar33 then buytocover next bar at
market;
end;
```

戦略9　線形回帰

基本的な考え方

終値が最近の足の線形回帰線を下回ったら、買う。空売りはその逆。

仕掛け

もし終値が過去"InputVar2"本の足の線形回帰線を下回れば買う。
もし終値が過去"InputVar2"本の足の線形回帰線を上回れば空売り
する。

手仕舞い

　もし終値が過去"InputVar3"本の足の線形回帰線を上回れば、買い
ポジションを手仕舞う。

　もし終値が過去"InputVar3"本の足の線形回帰線を下回れば、空売
りポジションを手仕舞う。

イージーランゲージコード

```
If close <LinearRegValue(close,InputVar2,0) then begin
buy next bar at market;
end;


If close >LinearRegValue(close,InputVar2,0) then begin
sellshort next bar at market;
end;


If Inputvar4=1 then begin
If marketposition=1 and close >LinearRegValue(close,InputVar3,0) then sell
next bar at market;
If marketposition=-1 and close <LinearRegValue(close,InputVar3,0) then
buytocover next bar at market;
end;
```

戦略10　逆モメンタム

基本的な考え方

最近のモメンタムが下がっていれば、買う。空売りはその逆。

仕掛け

もし終値が"InputVar2"本前の足の終値を下回っていれば、次の足で成り行きで買う。

もし終値が"InputVar2"本前の足の終値を上回っていれば、次の足で成り行きで空売りする。

手仕舞い

もし終値が"InputVar3"本前の足の終値を上回っていれば、買いポジションを手仕舞う。

もし終値が"InputVar3"本前の足の終値を下回っていれば、空売りポジションを手仕舞う。

イージーランゲージコード

```
If close <close[InputVar2] then begin
buy next bar at market;
end;

If close >close[InputVar2] then begin
sellshort next bar at market;
```

```
   end;


 If Inputvar4=1 then begin
 If marketposition=1 and close >close[InputVar3] then sell next bar at
market;
 If marketposition=-1 and close <close[InputVar3] then buytocover next bar
at market;
   end;
```

平均回帰に関する研究結果

　結果を明かす前に、全体リターンはマイナスになる可能性が高いということを知っておいてほしい。つまり、この戦略は40市場と５つの時間枠全体としては損失で終わったということだ。

　そう書くと、「これが何の役に立つのか」と思うかもしれない。しかし、40の異なる市場と５つの時間枠でさまざまなパラメーターを使って平均利益がすべてプラスになる戦略を見つけることはほとんど不可能だということをまず知っておいてほしい。また、それほど優れた戦略があったら素晴らしいが、それでも実際にすべてがプラスになることはほとんどか、まったくない。

　ただ、さまざまな市場でうまく機能するのが良い戦略だという考えの人でも、今回の結果は役に立つ。今回の研究結果から、どの平均回帰戦略が相対的に優れているかが分かるからだ。

　相対的に良い戦略が見つかれば、開発者として最適な市場と時間枠を探すことに注力すればよい。

　最初のステップとして、まれな状況（私は10年間のトレードで30回未満のケースと定義している）を除外する。次に、トレード数が多いシナリオ（素早く仕掛けて素早く手仕舞うケース）を除外する。１日

に何回もトレードしてトレードコストをかけるよりも、そのシナリオ自体をやめるほうがよい。

　次に、戦略ごとの最終結果を紹介する。

戦略1　単純な短期RSI
戦略2　単純なコナーズRSI
戦略3　ボリンジャーバンドストレッチ
戦略4　移動平均線ストレッチ
戦略5　ある一定の割合（％）下げたら買い、上げたら売る
戦略6　連続するN本の上昇足・下落足
戦略7　逆ブレイクアウト
戦略8　終値とレンジの位置関係
戦略9　線形回帰
戦略10　逆モメンタム

　予想どおり、すべての戦略の平均リターンは損失になった。ただ、そのなかでも戦略4（移動平均線ストレッチ）はほかと比べてはるかにマシだった一方で、戦略5（ある一定の割合［％］下げたら買い、上げたら売る）と戦略9（線形回帰）は最低だった。
　また結果を、利益が出たケースの数（10年間で1万ドル以上の利益となったケース）で評価することもできる。利益が出たケースが最も多いものを最良の戦略とする。
　同じデータでもこのように見ると、戦略3（ボリンジャーバンドストレッチ）と戦略7（逆ブレイクアウト）と戦略4（移動平均線ストレッチ）が最良で、戦略9（線形回帰）が最下位になった。
　3つ目の見方として、損益を比較することもできる。長期的に見ると、ここでも戦略4（移動平均線ストレッチ）が最良となり、戦略9

図11　平均回帰戦略の研究結果

戦略	平均損益
4	-1.2
3	-37.5
7	-42.8
6	-45.4
2	-45.8
8	-53.5
1	-54.0
10	-61.7
5	-62.6
9	-72.3
平均	**-48.0**

図12　平均回帰戦略で利益が高かったケース

戦略	利益が1万ドル超
3	1489
7	1288
4	1227
6	1060
2	916
8	879
1	872
10	583
5	551
9	284
合計	**9149**

（線形回帰）が最下位になった。

　図11～図13を見ると、相対的に次の戦略が「最良」と言える。

図13　平均回帰戦略の損益

戦略 ↴	総損益
4	-13492.8
6	-43368.6
2	-43975.8
3	-52862.1
7	-64277.5
1	-65017.6
8	-70292.0
5	-89496.3
10	-92490.2
9	-106303.6
平均	**-63239.96655**

戦略2　単純なコナーズRSI
戦略3　ボリンジャーバンドストレッチ
戦略4　移動平均線ストレッチ
戦略6　連続するN本の上昇足・下落足
戦略7　逆ブレイクアウト

　このあと、これらの戦略とさまざまな設定を組み合わせて、新しい戦略を構築していく。

　ちなみに、もしここで検証を終えると、今後さらに検証を進めるべき戦略は移動平均線ストレッチという結論になる。また、線形回帰はやめておこうとも思うだろう。

　ただ、もっと掘り下げると、これらの結果は「スイッチ」（選択肢）によって変わるのかもしれない。最初のBSEスイッチは「足7本後」に手仕舞うという条件でオフ（＝0）またはオン（＝1）としていた。ただ、足7本でなくても良かったのかもしれない。私は、平均回帰戦

図14　手仕舞いを足7本後にした結果

BSE Exit	
スイッチ　　　　▽	平均リターン
0	-42.5
1	-53.5
平均	**-48.04220123**
スイッチ　　　　▽	利益が1万ドル超
0	5542.0
1	3607.0
合計	**9149**

　略は長期ではなく短期トレード向けなので、小さめの値を選んだ。しかし、足3本や足30本で試したら、違う結果になる可能性はある。この検証は読者に任せることにしよう。

　ちなみに、仕掛けから手仕舞いまでを足7本として自動的に手仕舞うよりも、それをしない（BSE Exit=0）ほうが結果は良かった（**図14**）。

　2つ目のスイッチは戦略によって変わるが、基本的には長期ポジションや短期ポジションをクイックエグジットする（**図15**）。これは戦略に組み込んだほうがよかっただろうか。

　結果は明らかだ。クイックエグジット（value=1）は良くなかった。

　私は全体の結果を見るとき、この戦略が特にうまく機能する市場があっても平均パフォーマンスに埋もれて見過ごしているのではないかといつも心配になる。

　ただ、一般的にはこの種の検証において、1つのセクターでうまく機能した戦略は別のセクターでもうまく機能する。例えば、戦略4はほとんどのセクターで最高の結果を上げており、農産物、エネルギー、

図15　クイックエグジットの結果

Quick Exit	
スイッチ　▼	平均リターン
0	-39.0
1	-57.7
平均	**-48.04220123**
スイッチ　▼	1万ドル超の利益
0	6511
1	2638
合計	**9149**

株価指数のリターンはプラスになっている。どのセクターでも安定的に良いように見える（図16）。

最初の結論

●最良の平均回帰戦略は戦略2、戦略3、戦略4、戦略6、戦略7
●足7本後に自動的に手仕舞う方法は結果が良くない
●平均回帰戦略でクイックエグジットは結果が良くない

　ただ、最良の結果が出た要因の1つ（もしくは主な理由）が、私が分析に用いたパラメーターの値にあるのかもしれないということは言っておく必要がある。例えば、戦略4（移動平均線ストレッチ）の結果が最も良かったのは、今回の平均期間やストレッチの基準値のおかげかもしれない。すべてのケースにおいてパラメーターには妥当な値を使うようにしているが、異なる範囲の値を使えば異なる結果につながる可能性もある。

図16　平均回帰戦略——セクター別の結果

損益 戦略	農産物	通貨	エネルギー	貴金属	金利	ソフト	株価指数	平均
4	8.2	-16.9	22.0	-5.2	-45.4	-10.7	3.8	-1.2
3	-46.2	-14.4	-61.3	-56.3	-29.9	-57.8	-5.6	-37.5
7	-49.9	-21.5	-59.4	-58.0	-42.3	-65.2	-12.4	-42.8
8	-53.4	-43.9	-69.6	-73.6	-31.7	-69.2	-37.1	-53.5
6	-56.9	-19.5	-42.1	-55.9	-40.4	-63.3	-34.0	-45.4
2	-58.4	-35.1	-43.0	-63.1	-26.2	-69.9	-14.4	-45.8
5	-64.6	-45.5	-21.0	-44.4	-92.5	-64.3	-34.5	-62.6
1	-67.4	-29.5	-53.1	-64.5	-34.5	-77.4	-36.4	-54.0
10	-69.3	-43.0	-65.1	-68.5	-75.0	-78.5	-36.8	-61.7
9	-81.0	-78.9	-65.9	-83.6	-62.9	-85.3	-36.3	-72.3
平均	-54	-33	-49	-59	-44	-67	-28	-48

さらなる分析

　この時点でやめても、検証に値する平均回帰の妥当なテクニックか
分かったと言える。しかし、ここであと一歩踏み込んでみよう。シー
ザー・アルバレスは、戦略を組み合わせることも提案しているのだ。
例えば、戦略3と戦略4を組み合わせてみよう。

　これには2つのやり方がある。1つ目は、2つの戦略をANDで組
み合わせる方法だ。その場合、戦略3と戦略4の両方の条件を満たさ
なければ、シグナルは出ない。そうなると、トレード数が減るが、2
つの戦略が同時にシグナルを出すタイミングなので、質の高いシグナ
ルになるだろう。

　2つ目は、2つの戦略をORで組み合わせる方法だ。戦略3か戦略
4のどちらかの条件が合えばシグナルが出る。こうなると、ANDの
場合よりもかなりトレード数が多くなる。

　さらに言えば、戦略の組み合わせを2つに限る必要もない。3つで
も4つでも5つでもANDやORで組み合わせることができる。

　まずは、ANDの組み合わせを見ていこう。話を簡単にするため、
上位5つの組み合わせのみを示していく。

図17　ANDの組み合わせ

組み合わせ	平均リターン
（戦略2）AND（戦略3）AND（戦略4）	35.9
（戦略2）AND（戦略3）AND（戦略4）AND（戦略7）	34.3
（戦略2）AND（戦略4）AND（戦略7）	30.8
（戦略2）AND（戦略4）	30.1
（戦略2）AND（戦略3）AND（戦略4）AND（戦略6）AND（戦略7）	28.2
単独で最も高いリターンを上げた戦略4	-1.2

図18　ORの組み合わせ

組み合わせ	平均リターン
（戦略3）OR（戦略4）	-16.0
（戦略2）OR（戦略4）	-20.9
（戦略4）OR（戦略6）	-24.5
（戦略2）OR（戦略3）	-31.6
（戦略2）OR（戦略3）OR（戦略4）	-32.6
単独で最も高いリターンを上げた戦略4	**-1.2**

　図17を見ると、戦略4単独と比べてANDで組み合わせた戦略はどれもはるかに高いリターンを上げている。それではORの場合はどうだろうか。残念ながら、ORの組み合わせはあまりうまく機能しないように見える。

　図18の結果は明らかだ。平均回帰戦略をANDで組み合わせるとうまく機能するが、ORで組み合わせるとうまく機能しない。

アルゴトレードのチートコード

● 平均回帰戦略はぜひ検証する価値がある。

● 単独で使った場合にリターンが高かった平均回帰戦略。

戦略2　単純なコナーズRSI

戦略3　ボリンジャーバンドストレッチ

戦略4　移動平均線ストレッチ

戦略6　連続するN本の上昇足・下落足

戦略7　逆ブレイクアウト

● 平均回帰戦略は「組み合わせる」とより強力になるが、トレード数が減りすぎないよう注意が必要。

（戦略2）AND（戦略3）AND（戦略4）

（戦略2）AND（戦略3）AND（戦略4）AND（戦略7）

（戦略2）AND（戦略4）AND（戦略7）

（戦略2）AND（戦略4）

（戦略2）AND（戦略3）AND（戦略4）AND（戦略6）AND（戦略7）

● 平均回帰戦略をORで組み合わせても全体のパフォーマンスは向上しない。

● 平均回帰戦略を時間によって手仕舞うと、パフォーマンスが下がった（少なくとも足7本後の手仕舞いは）。

● 平均回帰戦略を「クイックエグジット」すると、パフォーマンスが下がった。

● 平均回帰戦略を使うと、通貨、エネルギー、金利、株価指数などのセクターでパフォーマンスが高かった。

● 平均回帰戦略を使うと、農産物とソフトのパフォーマンスがかなり低かった。

● 毎回言っているが、自分ですべてを検証し、確認する。

第 6 章

戦略をリスクから守るテクニック

Risk Protection Techniques

　アルゴトレーダーの90％は間違った方法で戦略を構築している。なぜ、そんなことが言えるのだろうか。それは統計を見れば分かる。ほとんどのトレーダーが負けているからだ。

　多くのトレーダーは、戦略を構築するときに、利益を最大にすることしか考えていない。もちろん、このこと自体が必ずしも悪いわけではない。利益が上がらなければ、トレードする価値はないからだ。

　一方、賢いトレーダーは、リスク（ドローダウン）が優れた戦略の重要な基準だということを理解し、戦略構築のプロセスに組み込んでいる。1年間に5万ドルの利益を上げても、10万ドルのドローダウンがあるアルゴ戦略は、ほとんどの人が嫌がる。あなたはどうだろうか。

　利益とドローダウンは、良い比率にしておく必要がある。世界中で何千人ものトレーダーが、私が考案した「ストラテジーファクトリー®」のプロセスを使って利益とドローダウンのバランスが良い戦略を構築している。

　しかし、戦略の構築にはもう1つ、多くのトレーダーが軽視していることがある。それが、リスク管理である。2020年にコロナウイルスの脅威のなかで、この必要性に多くの人が気づいた。非常に高いボラティリティ、素早くて激しい価格スイング、動きの速いトレンドや急落が、株だけでなく、多くの市場で起こったからだ。

図19　荒れ相場での大きな動き

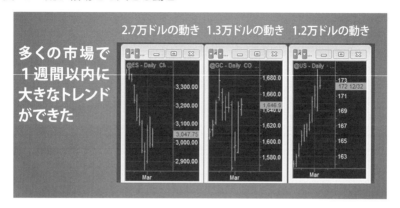

2020年２月末のいくつかの市場を見てみよう。

このような荒れた時期は、もしかすると利益を上げることよりも、ただ生き残ることが最大の目標になるのかもしれない。それが本章のテーマで、個々の戦略ごとにリスクを減らすテクニックを紹介する。ここでは、次の４つについて例を挙げて書いていく。

①１日の損失の限度
②負けトレードのあとは少し待つ
③週末はトレードしない
④ボラティリティが高いときは休む

本章では、これらの概念について例を挙げて書き、コードを提供し、「リスク管理」をトレード戦略に組み込むための一般的なツールと知識を伝えていく。さっそく始めよう。

図20　研究目的の単純な戦略

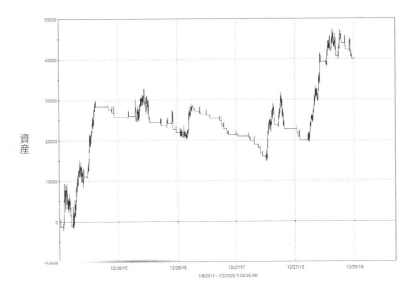

Equity Curve Detailed - @CL 120 min.(01/01/15 20:00 - 01/02/20 17:00)

基本戦略

　今回は、単純なプルバック戦略を原油市場の過去５年間の120分足
チャートで検証していく。

注意　この戦略は、研究目的のみに使うもので、実際のトレードで優
れているということではない。

　この戦略は、過去５年間でそこそこの利益を上げたが、大きくて長
引くドローダウンもあった。このドローダウンがリスク管理の効果を
見るのに役立つだろう。

　この戦略自体は、長期のポジションを仕掛けるために、長い上昇ト
レンドと短い下降トレンドが必要になる。空売りはその逆。

　また、この戦略にはATR（真の値幅の平均）に基づいた損切りを

置き、１枚で3000ドルとしている。この種の損切りは、私のウェブサイトに掲載した損切りに関するボーナス記事のなかで検証している。

　ちなみに、本書で紹介するコードはすべてトレードステーションのイージーランゲージコードで書かれているが、その前に「普通の言葉」でルールを説明している。

ルールの説明

　もし終値がlookback本前の足の終値を上抜き、終値が0.5×lookback本前の足を下抜けば、買いを仕掛ける。空売りはその逆。

　損切りの場合はATRの倍数とし、１枚当たり3000ドルを限度とする。

　今回の検証では、ルックバック期間を10、ATRに掛ける係数を２に設定している。

注意　この戦略は、研究目的のみに使うもので、実際のトレードで優れているということではない。

イージーランゲージコード

```
//**************************************************
//
//www.kjtradingsystems.com
//Risk Protection Study
//Kevin Davey - STRATEGY #1 - Baseline Strategy
//kdavey@kjtradingsystems.com
//
//**************************************************
//
```

```
input: lookback(10),stopATR(2);


If close crosses above close[lookback] and close crosses below close[.5*lookback]
then buy next bar at market;
    If close crosses below close[lookback] and close crosses above close[.5*lookback]
then sellshort next bar at market;


var:NewStop(3000);
NewStop=StopATR*AvgTrueRange(14)*BigPointValue;
If NewStop>3000 then NewStop=3000;


If StopATR<>0 then SetStopLoss(NewStop);
```

　基本戦略の重要な統計値は**図21**のとおりである。

図21　基本戦略の統計値

パフォーマンスの基準	基本戦略の結果
損益	40,030ドル
トレード数	92回
リターン率	280.7%
市場にいる期間	34.1%
最大ドローダウン（手仕舞い時）	-14,260ドル

リスク管理策１――１日の損失の限度

　トレーダーはみんな負ける日を避けたい。しかし、経験豊富なトレーダーは、それは不可能だと知っている。そうなると、次善策はひどく負ける日の損失を限定したいと思っている。これは心理的な救命胴衣になるし、投資口座も救ってくれる。

今回の検証のために作った戦略は、深夜0時（チャート時間）からの損失を計算し、その額が特定の値を超えたらすべてのトレードを手仕舞い、新しいトレードを仕掛けないようにする。この方法は、分単位の足のチャートではとてもうまく機能した。

ルールの説明

毎日、この戦略で保有しているすべてのポジションと、真夜中直前の足までに手仕舞ったトレードの評価額を足す。翌日の間に資産額から「夜中」の資産額を引いた値がequitylosslimit（損失限度）を下回っていたら、保有しているポジションをすべて手仕舞い、新しいトレードはしない。

イージーランゲージコード

```
//**************************************************
//
//www.kjtradingsystems.com
//Risk Protection Study
//Kevin Davey - Risk Protection #1 - Daily Loss Limiter
//kdavey@kjtradingsystems.com
//
//**************************************************
//
input: lookback(10),stopATR(2),EquityLossLimit(1000);
var:EndDayEquity(0),CanTrade(True),CurrentEquity(0);

CurrentEquity=NetProfit+OpenPositionProfit;
```

```
If date<>date[1] then begin
EndDayEquity=CurrentEquity[1];
end;
CanTrade=True;
If    NetProfit+OpenPositionProfit-EndDayEquity<-EquityLossLimit    then
CanTrade=False;

If CanTrade=True then begin
If close crosses above close[lookback] and close crosses below close[.5*lookback]
then buy next bar at market;
If close crosses below close[lookback] and close crosses above close[.5*lookback]
then sellshort next bar at market;

var:NewStop(3000);
NewStop=StopATR*AvgTrueRange(14)*BigPointValue;
If NewStop>3000 then NewStop=3000;

If StopATR<>0 then SetStopLoss(NewStop);
end;

If CanTrade=False then begin
Sell ("DLL-L Exit") next bar at market;
BuyToCover ("DLL-S Exit") next bar at market;
end;
```

日足を使っている場合は、損切りを次のように設定する。

```
Sell next bar at close - xxx stop; //xxx is the price where daily loss
```

図22　１日の損失限度額を設定した結果

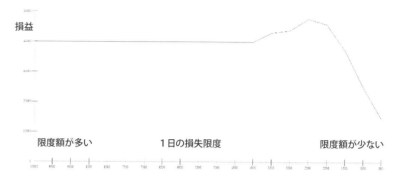

```
limit would be hit
```

結果

　この日々の損失限度の効果を見るために、１日の限度額を500ドルから１万ドルまで変更してみた結果が**図22**である。限度額が低いと、パフォーマンスは基本戦略の利益である４万ドルを下回った。これは、限度額が低いと市場のボラティリティによって頻繁にシステムを休ませるようになるため、理にかなっている。

　１日の損失限度が2000〜4000ドルのときは、パフォーマンスが多少改善するが、大幅に増えるわけではない。4000ドルを超えると、限度に達することはなかった。つまり、限度額を変えた場合の最良の結果は**図23**のようになった。

　図23の結果を見ると、１日の損失限度はあるほうがよいという結論に至るかもしれない。しかし、ここは注意が必要だ。これは最適化した結果なので、おそらく2500ドルは将来の最良の限度額にはならないだろう。

図23　1日の損失限度額を変えた結果（アミ掛けは改善された結果）

パフォーマンスの基準	基本戦略	1日の損失限度額 (2500ドル)
損益	40,030ドル	47,675ドル
トレード数	92回	95回
リターン率	280.7%	344.7%
市場にいる期間	34.1%	32.0%
最大ドローダウン （手仕舞い時）	-14,260ドル	-13,830ドル

考察

　1日の損失限度を使いたいときは、バックテストを行う前に限度額を決めておく。これが必ずパフォーマンスを改善するとは言えないが、1日の損失を限定することによる心理的な安心を得るためには使える。もしパフォーマンスが改善したら、それはボーナスと思ってほしい。

リスク管理策2──負けトレードのあとは少し待つ

　使っている戦略が、連敗のワナに「はまって」しまったと感じたことはないだろうか。例えば、カウンタートレンド戦略で、強気相場なのに空売りを繰り返してしまうようなことだ。もちろん私にも経験がある。

　心理と資金の両方に対するダメージを最小限に抑える方法の1つに、損失のあとはシグナルが出ても少し待つという方法がある。例えば、負けトレードを手仕舞ったら、足5本分待ってから次のトレードを仕掛ける。こうすることで、「落ちていくナイフをつかむ」症候群、つまりトレンドに逆らって仕掛けてしまう状態から自分を守ることができる。

ルールの説明

　負けトレードのあとは、NextTradeDelay本分の足ができるのを待ってから次のトレードを仕掛ける。

イージーランゲージコード

```
//********************************************
//
//www.kjtradingsystems.com
//Risk Protection Study
//Kevin Davey - Risk Protection #2 - Delayed Signal After Loss
//kdavey@kjtradingsystems.com
//
//********************************************
//
input: lookback(10),stopATR(2),NextTradeDelay(1);
var:CanTrade(True);

CanTrade=True;
If   (positionprofit(1)<0   and   barssinceexit(1)<NextTradeDelay)   then
CanTrade=False;

If CanTrade=True then begin
If close crosses above close[lookback] and close crosses below close[.5*lookback]
then buy next bar at market;
If close crosses below close[lookback] and close crosses above close[.5*lookback]
then sellshort next bar at market;
```

図24　負けトレードのあとの仕掛けを遅らせた影響

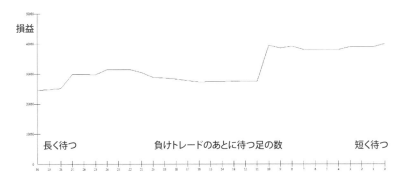

図25　負けトレードのあと仕掛けを遅らせた場合の結果（アミ掛けは改善された結果）

パフォーマンスの基準	基本戦略	仕掛けを遅らせる （最適は10本）
損益	40,030ドル	39,445ドル
トレード数	92回	89回
リターン率	280.7%	256%
市場にいる期間	34.1%	32.0%
最大ドローダウン （手仕舞い時）	-14,260ドル	-15,400ドル

```
var:NewStop(3000);

NewStop=StopATR*AvgTrueRange(14)*BigPointValue;

If NewStop>3000 then NewStop=3000;


If StopATR<>0 then SetStopLoss(NewStop);
end;
```

結果

　この戦略では、負けトレードのあとの仕掛けを遅くしてもパフォーマンスはまったく改善しなかった（**図24**）。実際、パフォーマンスはほとんどのケースで悪くなり、たくさん遅らせたときは（足10本以上）特に悪かった（**図25**）。

考察

　この種のリスク管理策は、連敗が長く続く可能性がある戦略には非常に適している。カウンタートレンド戦略はその好例だ。ほかのリスク管理のテクニックと同様に、このルールもバックテストを行う前に戦略に組み込むのが良い。初期の結果を見てから組み込むと、バックテストの結果を歪めてしまうことになる。
　私は、この方法はメジャートレンドと逆方向に仕掛ける戦略に向いていると思っている。

リスク管理策３──週末はトレードしない

　アルゴ戦略で原油をトレードしているとしよう。2020年３月６日、取引時間の終了間際に清算価格に近い41.57ドルで買いを仕掛けた。価格はその日、約５ドル下げたが、週末にさまざまな強気材料が期待できるため、気にしていない。
　ところが、この週末は違った。コロナウイルス関連のニュースばかりが取り上げられ、ロシアとサウジアラビアは原油の醜い低価格競争に突入した。日曜日の夜、原油価格は20％暴落して32.87ドルで寄り付いた。１枚当たり8700ドルの損失だ。
　あなたは、「週末は絶対に」ポジションを建てないと誓う。次のコ

ードが週末のポジションを回避してくれる。

ルールの説明

すべてのポジションを金曜日の16時（米国東部標準時）に手仕舞い、それ以降は仕掛けない。

イージーランゲージコード

```
//**************************************************
//
//www.kjtradingsystems.com
//Risk Protection Study
//Kevin Davey - Risk Protection #3 - No Weekends
//kdavey@kjtradingsystems.com
//
//**************************************************
//
input: lookback(10),stopATR(2),FridayStoptime(1600);
var:CanTrade(True);

CanTrade=True;
If dayofweek(date)=5 and time>=1600 then CanTrade=False;

If CanTrade=True then begin
If close crosses above close[lookback] and close crosses below
close[.5*lookback] then buy next bar at market;
If close crosses below close[lookback] and close crosses above
```

```
close[.5*lookback] then sellshort next bar at market;

  var:NewStop(3000);
  NewStop=StopATR*AvgTrueRange(14)*BigPointValue;
  If NewStop>3000 then NewStop=3000;

  If StopATR<>0 then SetStopLoss(NewStop);
  end;

  If CanTrade=False then begin
  Sell ("Friday-L Exit") next bar at market;
  BuyToCover ("FridayL-S Exit") next bar at market;
  end;
```

　これによって、金曜日の午後に市場から撤退できる。ただし、金曜日が祝日や取引時間が短縮される場合、日足でトレードしている人や16時に終わる足がない人は、コードを調整する必要がある。
　このように週末の前に手仕舞えば、安心感は大きいのかもしれない。週末にポジションのことを心配しなくてよいからだ。しかし、それが本当に資金的な助けになるのだろうか。

結果

　あまり良くない（図26）。
　週末の前にすべてのトレードを手仕舞うと、原油トレードの場合、の悪影響のほうが大きかった（図27）。
　結果を見ると、最大ドローダウンは小さくなったが、市場にいる期間がかなり短くなったことで利益のほぼ75％を取り逃すことになった。

図26　週末の前にすべてのトレードを手仕舞う

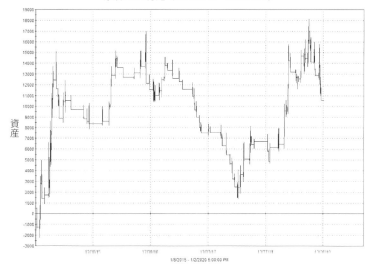

原油の120分足（2015/1/15〜2020/2/20）

図27　週末にトレードしない効果（アミ掛けは良いほうの結果）

パフォーマンスの基準	基本戦略	週末はトレードなし （金曜日16時に手仕舞う）
損益	40,030ドル	10,585ドル
トレード数	92回	107回
リターン率	280.7%	82.1%
市場にいる期間	34.1%	8.2%
最大ドローダウン （手仕舞い時）	-14,260ドル	-12,860ドル

この戦略と市場にとって「週末はトレードしない」というアイデアは、資金的には明らかに失敗だった。

考察

これは良いアイデアではあるが（だれだってストレスのない週末を

望んでいる）、資金的な利点よりも心理的な利点のほうが大きいようだ。実際、今回の戦略では資金的にかなりひどい結果になった。

　しかし、どのようなアイデアでも、検証するときは最初から戦略に組み込んでおくことを勧める。最初に戦略を作ってからアイデアを追加してはならない。それをすると、パフォーマンスが改善しなければ、そのアイデアを認めないからだ。これは正しい評価ではない。

　そうではなく、良いと思ったアイデアは、戦略を作る最初の段階で試してほしい。もし良い戦略ができなければ、理由は週末を避けたことかもしれないため、このアイデアはやめたほうがよいと判断することもできる。

リスク管理策４――ボラティリティが高いときは休み、熱いのに耐えられなければ台所から出る

　ボラティリティは諸刃の剣だ。トレーダーは価格の動きを利用して利益を上げるため、ボラティリティを必要としている。つまり、ボラティリティは良いことだ。しかし、ボラティリティは高すぎると良くない。いつまでも続くちゃぶつきでポジションを仕掛けたり手仕舞ったりすることになり、アルゴシステムを台無しにしかねないからだ。

　このような考えから、極端なボラティリティのときは一時的に休むコードを作った。これを何人かのトレーダーに提供したところ、そのうちの１人が検証前後の結果を送ってくれた（図28、図29）。

　つまり、この高ボラティリティを避けるスイッチは試す価値がある。これを原油用の戦略に組み込んでみよう。

ルールの説明

　直近の足の真の値幅が５期間分の足のATRのATRmult倍を超え

図28　ボラティリティをトレードをする・しないを判断基準にした効果

ボラティリティに関係なくトレード

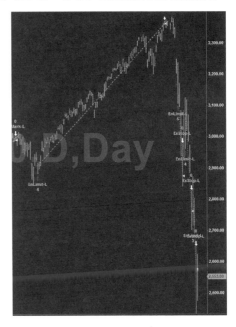

高ボラティリティではトレードしない

図29 ボラティリティを考慮しないでトレードしたときと考慮してトレードしたときの資産額

考慮しないでトレードしたとき

日中の最大ドローダウンはMESでは4021.50ドル、ESでは4万ドル強

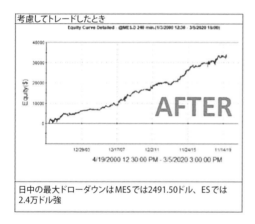

考慮してトレードしたとき

日中の最大ドローダウンはMESでは2491.50ドル、ESでは2.4万ドル強

ていたら、すべてのポジションを手仕舞い、新しいトレードはしない。

イージーランゲージコード

```
//********************************************
//
```

```
//www.kjtradingsystems.com
//Risk Protection Study
//Kevin Davey - Risk Protection #4 - High Volatility "Kill" Switch
//kdavey@kjtradingsystems.com
//
//****************************************************
//
input: lookback(10),stopATR(2),ATRMult(1600);
var:CanTrade(True);

//switch criteria
CANTRADE=TRUE;
If TrueRange>ATRMult*AvgTrueRange(5) then CANTRADE-FALSE;

If CanTrade=True then begin
If close crosses above close[lookback] and close crosses below close[.5*lookback]
then buy next bar at market;
If close crosses below close[lookback] and close crosses above close[.5*lookback]
then sellshort next bar at market;

var:NewStop(3000);
NewStop=StopATR*AvgTrueRange(14)*BigPointValue;
If NewStop>3000 then NewStop=3000;

If StopATR<>0 then SetStopLoss(NewStop);

end;
```

図30 ボラティリティを考慮してトレードしたとき──最適なケースは基本戦略を上回る

	リスク保護策4 （ATRの倍数） ▲	検証番号	損益（ドル）	トレード数	利益率（%）
1	0	1	0.000	0	0.00
2	1	2	1,205.000	55	49.09
3	2	3	15,655.000	107	51.40
4	3	4	44,125.000	99	30.30
5	4	5	40,030.000	92	27.17
6	5	6	40,030.000	92	27.17

図31 ボラティリティを考慮してトレードしたとき（アミ掛けは改善された結果）

パフォーマンスの基準	基本戦略	トレード休止 （最適は3ATR）
損益	40,030ドル	44,125ドル
トレード数	92回	99回
リターン率	280.7%	319.1%
市場にいる期間	34.1%	29.1%
最大ドローダウン （手仕舞い時）	-14,260ドル	-13,830ドル

```
If CanTrade=False then begin

Sell ("Vol-L Exit") next bar at market;

BuyToCover ("Vol-S Exit") next bar at market;

end;
```

結果

　ATRの異なる倍率で最適化した結果、最良のケースは基本戦略を上回った（**図30**、**図31**）。

　ただし、ATRの倍率が小さすぎると休止がより頻繁になり、パフォーマンスは急速に衰える。最適化の成否は常に紙一重なのである。

考察

　これまで紹介してきたアイデアと同様に、今回の「休止」も心理的な改善策であって、資金的なパフォーマンスを改善するものではないということを分かったうえで使ってほしい。

　この休止措置は、戦略の利益率を高めるものではないかもしれないが、ボラティリティが激しいときには傍観することができる。そのことだけでも使う理由になる。

アルゴトレードのチートコード

●アルゴトレードシステムのリスクを下げる4つのアイデア。
　①1日の損失の限度額を決める
　②負けトレードのあとは少し待つ
　③週末はトレードしない
　④ボラティリティが高いときは休止する
●4つのアイデアは目的に応じて単独か、組み合わせて使うことができる。
●これらが利益を改善することは期待しない。ただ、リスク調整済みリターンは改善するかもしれない。
●これらのテクニックは心理的な支えになり、そのことだけでも使う理由になる。
●戦略にこれらのテクニックを組み込むときは、次のことを覚えておいてほしい。
　①検証する前に戦略に組み込む。すでに出来上がったシステムに組み込むと、パフォーマンスが改善した場合しか採用しない可能性が高く、それは一種の最適化と言える。
　②戦略は適切に検証し、構築する。そのための理想的な手順が「ス

トラテジーファクトリー®」プロセス。

③最適化は最小限にする。パラメーターは、最適化によって最良の
結果が出た値ではなく、自分が最も使いやすい値を選ぶ。

第 7 章

強気相場や弱気相場でのトレード

Bull/Bear Regime Trading

　私と妻のエイミーは、パーティーに関する考え方が違う。もし招待側が午後6時～11時だと言えば、私は6時には到着し、11時前に家路につこうと思う。一方、妻は7時に到着するのも、夜中まで居残るのも気にしない。

　私は始まりの何かを見逃すのが心配で、妻は夜中の楽しみを逃したくない。なかなかの夫婦だ。最近、私はこのことをアルゴトレードとマーケットタイミングとの関連で考えた。

　みんな上昇トレンドに最初から飛び乗って、最後まで乗り続けたいと思っている。あとからチャートを見れば（**図32**）、いとも簡単なことだ。トレンドの始まりで買って、最後に売ればよい。下降トレンドならその反対だ。たやすいことではないか。

　私は、マーケットの魔術師の1人であるバン・タープ博士から多くを学び、彼の主張には同意することが多い。彼は、市場を3つに分けている。

●強気相場
●弱気相場
●横ばい

図32　トレンドに乗るなんて簡単だ

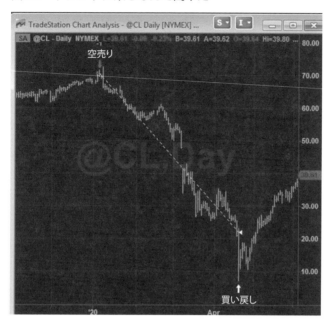

図33　ボラティリティが高い時期と低い時期

　そして、上の３つの相場には主に２つの特徴がある（**図33**）。

●ボラティリティが高い時期
●ボラティリティが低い時期

　これらを組み合わせると、相場を６つに分類できる。これは理にかなっている。

　これらには次のような背景がある。

　自分が今どのような状況の相場にいるのかを見つけ、その相場に最も適したシステムでトレードすればよい。簡単ではないか。

　残念ながら、現実はそう単純ではない。少なくとも私の経験ではそうだった。この章の冒頭で述べたパーティーの例で言えば、これは始まりや終わりの時間どころか日付すら書かれていない招待状を受け取るようなものだ。早く着きすぎると、みんなが到着するまで退屈するし、遅く行きすぎると楽しいことは終わっているかもしれない。

　最悪の場合、パーティー自体が終わってしまっていることもある。これはよくない。また、長くいすぎたり、早く帰りすぎたりしても、何か面白いことを逃す可能性が高い（**図34**）。

　だから、上昇トレンドや下降トレンドでトレードするのは難しい。トレンドに合わせてトレードするためには、相場の状態をほぼリアルタイムで、しっかりと見極める計画やテクニックを持っていることが重要だ。

　しかし、ほとんどのトレーダーはそれができない。タープ博士はトレンドトレードは比較的簡単だと言っているが、そこだけは同意できない。私の経験から言えば、市場のタイミングを計ったり、現在の相場に合わせてシステムを切り替えたりするのはとても難しい。システムをオン・オフに切り替えるためには、かなり良いメカニズムだけでなく、しっかりとした基本戦略も必要となる。

図34　トレンドに乗るのが早すぎたのか、それとも遅すぎたのか

　ただ、市場の状態に関する一般的なアイデアを、たくさんの戦略ではなく、特定の戦略に使うことはできる。それならば、優れた基本戦略と、市場の状態を検出する優れた方法があればよい。

　以上の考えから、本章ではそれぞれの相場状態に応じて戦略を変えることによって、有益な結果が出るかどうかを見ていく。

パート１　強気相場、弱気相場、横ばい相場でのトレード

パート２　強気相場や弱気相場でのトレードと、改良型横ばい相場で
　　　　　のトレード

パート３　高ボラティリティ時と低ボラティリティ時でのトレード

パート４　強気相場と弱気相場と横ばい相場の３つの相場と、高ボラ
　　　　　ティリティと低ボラティリティを組み合わせた６タイプ

パート1　強気相場、弱気相場、横ばい相場でのトレード

　今回の検証はすぐに実行できる戦略を作ることではなく、強気相場では買いトレードのみを行い、弱気相場では空売りのみを行うという方法が検討に値するかどうかを調べる。

　もしこの方法に何らかの価値があることが分かれば、既存の戦略や新しい戦略などと組み合わせてみることもできる。つまり、さらなる検証を重ねる必要があるということだ。ちなみに、検証するということは良いことである。ただ、良いアルゴトレーダーになりたければ、私の言うことをうのみにしないで自分で検証し、確認してほしい。

　私を含む多くのトレーダーが、市場のどんなシナリオにも使える戦略を構築しようとする。その戦略がうまく機能しない時期もあることを受け入れたうえで、全体としてはトレードする価値があるものを目指していることになる。

　それならば、相場ごとに複数の戦略を構築してはどうだろうか。強気相場には強気の戦略、弱気相場には弱気の戦略、横ばいのときには「休む」という具合だ。

　これについて、私は次のように考えている。例えば、私がある戦略を構築し、これには10年間で最適化した2つの変数があるとする。一方、「ミスターマーケットタイマー」は3つの戦略（強気、弱気、横ばい）の戦略を構築し、私と同じ期間でそれぞれに2つの最適化した変数を探す。その場合、彼は私の少なくとも3倍のカーブフィッティング、つまり過剰な最適化を行っていることになる。結局、私が1つの戦略のみを最適化した期間に、彼は3つの戦略を最適化したのだ。

　私はいつも、カーブフィッティングは有害で避けるべきだと考えている。つまり、変数も戦略も最小限にしたほうがよい。

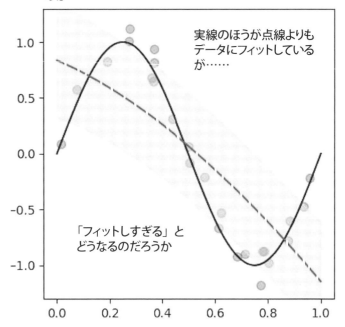

図35　実線の曲線のほうが良いモデルなのか、それとも過剰な最適化なのか

実線のほうが点線よりも
データにフィットしている
が……

「フィットしすぎる」と
どうなるのだろうか

　図35では、実線のほうが点線よりもデータにフィットしているのは間違いない。実線はバックテストで素晴らしい結果を上げ、点線は大したことのない結果に終わる。

　しかし、図にはないその前のデータについてはどうだろうか。これらの点を「予想」するにはどちらの曲線のほうが良いのだろうか。私がトレード戦略の開発を始める前だったら、実線と答えただろう。しかし、長年カーブフィッティングしたアルゴトレードシステムを見たり（時には作ったり）してきた今ならば、単純な点線のほうが良いと答える。複雑なモデルよりも単純なモデルのほうが将来的にはうまく機能するからだ。少なくともトレードにおいてはそう言える。

　つまり、私は今回の研究において、強気相場と弱気相場に分けてト

レードしようとは思っていない。トレードモデルを複雑にすることは、利益よりも害のほうが大きい可能性があるからだ。ただし、研究の展開によっては考えを変えるかもしれない。

　強気相場と弱気相場でのトレードについては先入観のない姿勢を維持していく。30年のトレード生活で、市場が私の個人的な好みなど知らないことはよく分かっている。だからこそ、可能性がある戦略はすべて構築し、評価していく。正しく分析すれば、数字はウソをつかない。

今回の研究のコア戦略

　この研究では4つのコア戦略を使い、それぞれのロジックを逆にしたものと合わせて8つの戦略を検証していく。

戦略1　単純なブレイクアウト戦略。もし終値が過去X本のすべての足の終値よりも高ければ、次の足の寄り付きで成り行きで買う。空売りはその逆。

戦略2　単純なブレイクアウト戦略の逆。もし終値が過去X本のすべての足の終値よりも高ければ、次の足の寄り付きで成り行きで空売りする。買いはその逆。

戦略3　RSI（相対力指数）戦略。もしRSIが30未満（売られ過ぎ）ならば、次の足の寄り付きで成り行きで買う。RSIが70を超えたときは空売りする。

戦略4　RSI戦略の逆。もしRSIが30未満（売られ過ぎ）ならば、次の足の寄り付きで成り行きで空売りする。RSIが70を超えたとき（買われ過ぎ）は買う。イージーランゲージコードの例は**図36**参照。

図36　コア戦略4

```
// inputvar1 = 4 - RSI strategy
if  RSI (close, inputvar2)> 70 then buy next bar at market;
if  RSI (close, inputvar2) <30 then sellshort next bar at market;
```

戦略5　単純なモメンタム戦略。終値がX本前の足の終値よりも高ければ、次の足の寄り付きで成り行きで買う。空売りはその逆。

戦略6　単純なモメンタム戦略の逆。もし終値がX本前の足の終値よりも安ければ、次の足の寄り付きで買う。空売りはその逆。

戦略7　伝統的な移動平均線戦略。もし終値が過去X本の足の平均を上抜けば、次の足の寄り付きで成り行きで買う。空売りはその逆。

戦略8　伝統的な移動平均線戦略の逆。もし終値が過去X本の足の平均を下抜けば、次の足の寄り付きで成り行きで買う。空売りはその逆。

　これらのコア戦略はトレードでは非常によく使われている。私は、単純でよく知られているという理由でこれらを選んだ。それぞれの戦略には最適化するためのパラメーターとして、ルックバック期間のXがある。私は足の数を10本と30本と50本で最適化していく。

今回用いる強気相場と弱気相場と横ばいのフィルター

　試すことができる強気と弱気のフィルターはいくらでもあるが、ここでは次の6つを選択した。

　フィルター1は「常にトレード」フィルター　制限なしに買いと空売りを行う。

フィルター２は移動平均線フィルター　終値が過去"InputVar4"本
分の足の終値の平均を上回っていたら、買う。空売りはその逆。
これが強気と弱気のフィルター。**図37**はイージーランゲージコ
ード。

図37　サンプルフィルター

```
CanTradeLong = False;
CanTradeShort = False;
If close> average (close, InputVar4) Then CanTradeLong = True;
If close <average (close, InputVar4) Then CanTradeShort = True;
```

フィルター３はモメンタムフィルター　終値が足"InputVar4"本前
の終値よりも高ければ、買う。空売りはその逆。これも強気と弱
気のフィルター。

ノィルター４はハイ・ロウ・ファースト・フィルター　直近の足
"InputVar4"本の間に、安値の更新のあとに高値が更新されれば、
買う。空売りはその逆。これも強気と弱気のフィルター。

フィルター５はADX（平均方向性指数）フィルター　直近の足
"InputVar4"本のADXが15を超えているときのみトレードする。
15という値は、少なくとも弱いトレンドはあるということを示し
ている。ADXが15未満ならば、ポジションはマルにする。これ
はマルか否かフィルター。

フィルター６はRSIフィルター　もし直近の足"InputVar4"本の
RSIが70未満ならば買う。もしこのRSIが30を上回っていたら、
空売りする。これは、強気と弱気のフィルター。

　もう分かったと思うが、ほとんどのフィルターは市場の動きを強気
相場か弱気相場に分けている。しかし、パート２では、横ばい相場も
加えて試していく。

また、InputVar4をさまざまな値に変えて検証していく。コア戦略自体は10～50期間といった短期のシグナルを出すため、フィルターの"InputVar4"には100、150、200期間といった長期の値を使っていく。

この研究の市場と時間枠

ここでは、次の40の先物市場でつなぎ足を調べていく。

@AD、@BO、@BP、@C、@CC、@CD、@CL、@CT、@DX、@EC、@ES.D、@ES、@FC、@FV、@GC、@HG、@HO、@JY、@KC、@KW、@LC、@LH、@NG、@NK、@NQ、@O、@OJ、@PL、@RB、@RR、@S、@SB、@SF、@SI、@SM、@RTY、@TY、@US、@W、@YM

（AD = Australian Dollar、BO = Soybean Oil、BP = British Pound、C = Corn、CC = ICE Cocoa、CD = Canadian Dollar、CL = Crude Oil、CT = ICE Cotton #2、DX = U.S. Dollar Index、EC = Euro FX、ES.D = E-Mini S&P 500、ES = E-Mini S&P 500、FC = Feeder Cattle、FV = 5-Year T-Note、GC = Gold、HG = High Grade Copper、HO = Heating Oil、JY = Japanese Yen、KC = ICE Coffee、KW = KCBT Wheat、LC = Live Cattle、LH = Lean Hogs、NG = Natural Gas、NK = Nikkei 225、NQ = E-Mini Nasdaq 100、O = Oats、OJ = ICE Orange Juice FCOJ-A、PL = Platinum、RB = Gasoline RBOB、RR = Rough Rice、S = Soybeans、SB = ICE Sugar#11、SF = Swiss Franc、SI = Silver、SM = Soybean Meal、RTY = E-mini Russell 2000 Index Futures、TY = 10-Year T-Note、US = 30-Year T-Bond、W = Wheat、YM = Mid-Sized ($5) Dow Industrials）

　時間枠は、日足、720分足、360分足、120分足、60分足の5つ。

そのほかの情報

　期間は2009年１月～2018年12月の10年間とする。

　ここで示すのは１枚のトレード結果で、ここには市場ごとの適当な
スリッページと手数料が含まれている（各市場には、出来高、流動性、
枚数などに応じたスリッページの特徴がある）。

　ここまでをおさらいしておこう。

　40の市場

　５つの時間枠

　８つの戦略

　戦略ごとに３つの期間X

　６つの強気と弱気のフィルター

　フィルターごとに３つの期間InputVar4

　これらを組み合わせると、８万6400回の異なるバックテストを行う
ことになる。市場の数も時間枠も多い研究なので、すべてを終わらせ
るには長い時間がかかると思うかもしれない。これをあまり時間をか
けずに行う方法はないだろうか。

　そこで、今回はトレードステーション用に作られたマルチオプトと
いう特別なソフトウェアツールを使っていく。これは、私のストラテ
ジー・ファクトリー・ワークショップの受講者しか使うことができな
い。実は、このツールはワークショップで長く学んでいる受講者が作
ったもので、戦略の迅速なテストと試作が可能になる（ほかにも時間
を短縮するためのたくさんの機能がある）。

　マルチオプトは、この研究における私のアシスタントになってくれ
る。これがなければ、この研究は何週間もかかってしまうかもしれな
い。しかし、マルチオプトとトレードステーション9.5と２年前に買

図38　強気と弱気のフィルターがある場合とない場合

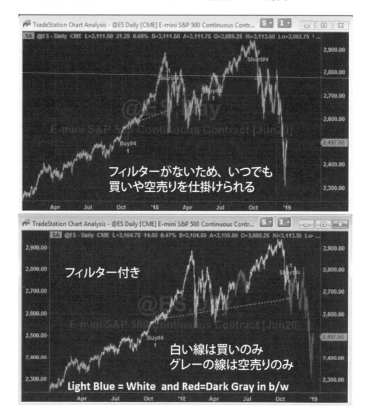

ったノートパソコンを使えば、研究の各パートの演算を約7時間で処理できる。

結果

　まず、フィルターが戦略に及ぼした影響の一例を見てみよう。**図38**の上のチャートは、強気と弱気のフィルターを組み込んでいないため、いつでも買いや空売りを仕掛けることができる。

　一方、下のチャートはモメンタムに基づく強気と弱気のフィルター

図39　強気と弱気のフィルターを付けた結果

フィルター	損益	日中の最大ドローダウンの平均
フィルター1	($50,518.1)	($79,423.5)
フィルター2	($8,058.1)	($37,805.3)
フィルター3	($7,154.2)	($38,043.1)
フィルター4	($6,935.8)	($38,529.1)
フィルター5	($3,866.9)	($31,214.8)
フィルター6	($50,523.0)	($79,434.9)
平均	($21,176.0)	($50,741.8)

を組み込んでいる。ここでは、100期間のモメンタムが上げていれば（白い線）買い、モメンタムが下げていれば（グレーの線）空売りする。

　市場や時間枠などの数が多いと、結果を分析するだけでも嫌になってしまうかもしれない。そこで、ここでは2つの項目に絞って見ていくことにする。

損益

日中の最大ドローダウン

　もちろん、注目すべき項目はいくらでもあるが、利益とリスクについて1つずつ見ておけば、知りたいことは分かるはずだ。

　それでは結果を分析していこう。

　まずは強気と弱気のフィルターの効果を見ていこう。

　一目見て、どれもうまく機能しないように見える。どのフィルターを使っても、結果はすべて損失で終わっているからだ。しかし、よく見ると、面白いことが分かる。

　フィルター1はフィルターなしのコア戦略で、すべてのトレードを仕掛けている。結果はかなり悪い。

　フィルター2からフィルター5は、それよりも結果が大幅に改善している。損失も最大ドローダウンもコア戦略に比べて大きく減ってい

図40　戦略ごとの結果

組み合わせ	損益	日中の最大ドローダウンの平均	フィルター1と比較した損益	フィルター1と比較した最大ドローダウン
戦略1	**-13351.5**	**-44834.6**		
フィルター1	-26576.5	-58354.0		
フィルター2	-10282.6	-41782.2	16,293.88	16,571.79
フィルター3	-6666.9	-39409.3	19,909.63	18,944.70
フィルター4	-6412.1	-39434.3	20,164.46	18,919.74
フィルター5	-3548.4	-31630.5	23,028.10	26,723.53
フィルター6	-26622.5	-58397.5	(46.01)	(43.48)
戦略2	**-14685.5**	**-49330.3**		
フィルター1	-33727.0	-69019.7		
フィルター2	-5490.5	-39253.7	28,236.51	29,766.01
フィルター3	-6123.8	-41512.0	27,603.23	27,507.66
フィルター4	-7965.4	-43929.9	25,761.59	25,089.83
フィルター5	-1095.3	-33258.8	32,631.68	35,760.92
フィルター6	-33711.0	-69007.8	16.00	11.91
戦略3	**-1022.1**	**-26352.2**		
フィルター1	-2217.4	-41843.2		
フィルター2	-1082.5	-12647.2	1,134.82	29,195.96
フィルター3	-1003.9	-18280.1	1,213.44	23,563.07
フィルター4	-1619.5	-20431.5	597.81	21,411.69
フィルター5	2024.7	-23066.6	4,242.02	18,776.53
フィルター6	-2234.0	-41844.8	(16.62)	(1.67)
戦略4	**-5591.9**	**-32923.3**		
フィルター1	-7067.6	-36319.7		
フィルター2	-6541.1	-35246.4	526.47	1,073.39
フィルター3	-5015.7	-34219.5	2,051.94	2,100.25
フィルター4	-5048.4	-33919.3	2,019.16	2,400.44
フィルター5	-2809.1	-21520.4	4,258.45	14,799.32
フィルター6	-7069.5	-36314.4	(1.92)	5.31
戦略5	**-28061.0**	**-56691.8**		
フィルター1	-66131.9	-90920.5		
フィルター2	-13152.1	-43144.3	52,979.85	47,776.11
フィルター3	-9414.3	-40954.7	56,717.63	49,965.75
フィルター4	-6814.8	-40161.7	59,317.10	50,758.79
フィルター5	-6760.3	-34046.6	59,371.63	56,873.83
フィルター6	-66092.4	-90923.1	39.53	(2.64)
戦略6	**-33977.6**	**-64795.1**		
フィルター1	-84485.6	-109349.3		
フィルター2	-9181.9	-44021.1	75,303.73	65,328.17
フィルター3	-11143.0	-44903.7	73,342.58	64,445.53
フィルター4	-9460.6	-44552.2	75,025.01	64,797.04
フィルター5	-5099.3	-36565.3	79,386.32	72,783.96
フィルター6	-84495.6	-109378.7	(9.99)	(29.41)
戦略7	**-32456.2**	**-61997.1**		
フィルター1	-81330.1	-105436.4		
フィルター2	-8775.1	-43272.6	72,554.97	62,163.82
フィルター3	-8505.8	-42365.0	72,824.31	63,071.49
フィルター4	-8352.6	-42560.0	72,977.54	62,876.44
フィルター5	-6426.1	-32881.8	74,904.03	72,554.68
フィルター6	-81347.5	-105466.6	(17.44)	(30.21)
戦略8	**-40262.3**	**-69010.0**		
フィルター1	-102608.7	-124145.3		
フィルター2	-9959.1	-43075.2	92,649.61	81,070.13
フィルター3	-9360.2	-42700.2	93,248.55	81,445.08
フィルター4	-9813.1	-43244.3	92,795.64	80,901.03
フィルター5	-7221.2	-36748.5	95,387.46	87,396.81
フィルター6	-102611.3	-124146.5	(2.64)	(1.26)

るからだ。これは、フィルターが少なくとも状況によっては機能して
いることを示している。

　フィルター6は、基本的にコア戦略と変わっていない。これは、フ
ィルターによる制限がほとんどかからなかったためではないかと思う。

　ただ、いくつかの戦略で平均値が歪められ、状況を正しく表してい
ない可能性もある。そこで、戦略ごとの結果を見てみよう（図40）。

　たくさんのデータが並んでいるが、右の2つの列に注目してほしい。
強気と弱気のフィルターがコア戦略（常にトレード）よりも良い結果
で、カッコはマイナスでコア戦略よりも悪い結果を示している。

　これを見れば、フィルター2からフィルター5は、各戦略において
損益も最大ドローダウンも改善していることが分かる。なかには影響
が小さい（例えば、戦略4）ケースもあるが、ほかはかなりの影響が
出た（例えば、戦略8）。

　この結果からは、強気と弱気のフィルターが良いアイデアだという
ことが分かる。フィルター2、フィルター3、フィルター4を使うと、
長期トレンドが強気のときに買いを仕掛けることができる。また、フ
ィルター5は、トレンドがあるときのみトレードすることができる。

　ただ、どのフィルターを使っても結果があまり変わらなかったこと
は意外だった。もしかすると、これらのフィルターは、どれも同じ大
きなトレンドをとらえていたのかもしれない。

　それでは、フィルターのルックバック期間はどうだろうか。今回は、
足が100〜200本の範囲で検証した。この変数は違いを生んだのだろう
か。

　図41にも多くのデータがあるが、アミ掛けのセルに注目してほしい。

　図41は、各行の損益が最も大きいセルと、ドローダウンが最も小
さいセルにアミを掛けている。これは、一目でルックバック期間200
が最も良い結果を上げていると分かる。200は今回、最長のルックバ
ック期間である。

図41　アミ掛けのセルが改善された結果

損益の平均 組み合わせ	ルックバック 期間100	ルック バック 期間150	ルック バック 期間200	平均	損益の平均 日中の最大ドローダウン	ルックバック 期間100	ルック バック 期間150	ルック バック 期間200	平均
戦略1	-15038.6	-12641.9	-12374.0	-13351.5	戦略1	-47352.6	-44573.4	-42577.9	-44834.6
フィルター2	-11437.4	-9747.5	-9563.0	-10282.6	フィルター2	-44158.0	-40404.1	-41782.2
フィルター3	-9558.0	-4902.5	-5540.2	-6666.9	フィルター3	-41022.6	-38814.7	-38390.6	-39409.3
フィルター4	-8226.2	-6249.7	-4760.3	-6412.1	フィルター4	-40759.2	-39506.7	-38097.0	-39434.3
フィルター5	-7810.5	-1693.9	-3140.5	-3548.4	フィルター5	-41451.0	-31544.7	-21895.8	-31630.5
戦略2	-15103.8	-14643.5	-14309.1	-14685.5	戦略2	-51517.5	-49144.8	-47328.6	-49330.3
フィルター2	-5159.1	-5552.0	-5760.3	-5490.5	フィルター2	-39430.3	-38964.9	-39365.8	-39253.7
フィルター3	-6794.8	-5357.1	-6219.4	-6123.8	フィルター3	-42868.2	-41119.4	-40548.4	-41512.0
フィルター4	-10101.0	-7646.2	-6149.0	-7965.4	フィルター4	-46793.4	-43338.6	-41657.5	-43929.9
フィルター5	-1117.5	-1831.1	-597.2	-1095.3	フィルター5	-41991.4	-33400.2	-24384.7	-33258.8
戦略3	-940.8	-1064.2	-1061.4	-1022.1	戦略3	-27128.5	-26302.2	-25625.9	-26352.2
フィルター2	-518.1	-1164.4	-1565.1	-1082.5	フィルター2	12184.8	-12767.2	-13059.6	-12647.2
フィルター3	-1788.6	-1215.7	7.4	-1003.9	フィルター3	16406.5	-18736.5	-19697.3	-18280.1
フィルター4	-1717.0	-2352.5	-789.2	-1619.5	フィルター4	-17747.5	-21203.1	-22343.8	-20431.5
フィルター5	2870.0	2788.0	416.0	2024.7	フィルター5	-52774.6	-21421.3	-13076.0	-23066.6
戦略4	-6180.0	-5459.4	-5136.3	-5591.9	戦略4	-34330.8	-33066.5	-31372.6	-32923.3
フィルター2	-6863.4	-6509.2	-6250.8	-6541.1	フィルター2	-35707.9	-35183.4	-34847.7	-35246.4
フィルター3	-6018.0	-4159.3	-4869.7	-5015.7	フィルター3	-34610.8	-33999.9	-34047.8	-34219.5
フィルター4	-5591.5	-4774.2	-4779.5	-5048.4	フィルター4	-34076.5	-34067.2	-33614.2	-33919.3
フィルター5	-4430.9	-3225.3	-771.2	-2809.1	フィルター5	-28922.5	-22562.8	-18076.0	-21520.4
戦略5	-30676.8	-27039.4	-26466.8	-28061.0	戦略5	-59858.8	-56097.0	-54119.6	-56691.8
フィルター2	-15807.8	-12543.5	-11105.0	-13152.1	フィルター2	-46487.9	-42101.1	-40844.0	-43144.3
フィルター3	-13599.0	-6220.8	-8423.0	-9414.3	フィルター3	-43426.6	-39411.8	-40027.7	-40954.7
フィルター4	-8791.3	-6583.5	-5069.7	-6814.8	フィルター4	-41532.6	-39483.1	-39469.3	-40161.7
フィルター5	-13591.4	-4633.4	-2056.0	-6760.3	フィルター5	-45827.6	-33756.9	-22555.4	-34046.6
戦略6	-35562.8	-33654.3	-32715.9	-33977.6	戦略6	-67627.6	-64365.7	-62391.9	-64795.1
フィルター2	-10000.7	-9473.2	-9071.7	-9181.9	フィルター2	-45390.2	-44073.1	-42600.0	-44021.1
フィルター3	-14216.9	-8846.8	-10365.3	-11143.0	フィルター3	-47844.3	-43370.3	-43496.6	-44903.7
フィルター4	-11549.3	-9979.9	-6852.5	-9460.6	フィルター4	-46494.1	-44205.0	-42957.4	-44552.2
フィルター5	-8701.6	-4581.7	-2014.5	-5099.3	フィルター5	-47334.5	-35776.0	-26585.4	-36565.3
戦略7	-34312.6	-31605.8	-31450.2	-32456.2	戦略7	-64859.1	-61532.4	-59599.7	-61997.1
フィルター2	-10541.0	-8240.2	-7544.2	-8775.1	フィルター2	-45613.5	-42701.1	-41503.3	-43272.6
フィルター3	-10828.1	-9245.3	-9444.0	-8805.8	フィルター3	-44606.9	-46591.2	-41895.9	-42365.0
フィルター4	-10097.9	-8215.6	-6744.1	-8352.6	フィルター4	-43727.9	-42444.4	-41507.7	-42560.0
フィルター5	-11748.8	-5235.3	-2294.1	-6426.1	フィルター5	-44321.0	-32542.2	-21782.1	-32881.8
戦略8	-42721.9	-39387.1	-38677.8	-40262.3	戦略8	-72252.3	-68384.7	-66392.9	-69010.0
フィルター2	-12076.2	-9672.2	-8138.9	-9959.1	フィルター2	-45230.4	-42503.3	-41491.7	-43075.2
フィルター3	-12018.5	-7053.3	-9028.6	-9360.2	フィルター3	-44835.3	-41051.5	-42213.8	-42700.2
フィルター4	-13551.5	-8825.3	-7062.4	-9813.1	フィルター4	-45562.3	-42893.1	-41277.4	-43244.3
フィルター5	-13453.7	-5576.8	-2633.3	-7221.2	フィルター5	-49599.6	-35544.5	-25101.3	-36748.5
平均	-22567.2	-20687.0	-20273.9	-21176.0	平均	-53115.9	-50433.3	-48676.2	-50741.8

　ちなみに、200は日足以外は200「日」ではない。もし60分足ならば、200本で200時間になる。

ここからどのような結論が得られるか

　たくさんの市場と時間枠のデータは、さまざまな分析ができる。しかし、今回の研究では全般的なことのみに注目していく。

　ここまでで、全体的に次のような結論を得た。

●トレンドに基づいた強気と弱気のフィルターを付けると、損益とドローダウンは平均して改善した

●効果があったフィルターのなかでは、改善度に大きな差はなかった
●ルックバック期間が長い強気と弱気のフィルターほど結果が良かった

　つまり、もし私が強気と弱気のフィルターを組み込んで検証するならば、次のようなコードにするだろう（モメンタムを使ったフィルター３の場合）。

```
Variables: CanTradeLong(False), CanTradeShort(False);

CanTradeLong = False;

CanTradeShort = False;

If close> close [200] Then CanTradeLong = True;

If close <close [200] Then CanTradeShort = True;


if CanTradeLong = True and {my long entry rule} then buy next bar at
market;

if CanTradeShort = True and {my short entry rule} then sellshort next bar
at market;
```

小さなヒント
　強気と弱気のフィルターを使った改善策の候補として、例えば銀市場の120分チャートで戦略４にフィルター３を組み込んで試してみるとよい。
　図42には大きな差が出た。ただ、最初の検証のあと、いくつかの疑問が消えなかった。強気と弱気のフィルターにマルか否かのフィルターを加えて強気と弱気と横ばいのフィルターにしたらどのような効果があるのだろうか。また、フィルター６（RSIフィルター）の効果がなかったのはなぜなのだろうか。

図42　強気と弱気のフィルターの改善案

次は、これらの疑問について考えてみよう。

パート２　強気相場や弱気相場でのトレードと、改良型横ばい相場でのトレード

　パート２では、強気と弱気のフィルターをさらに掘り下げていく。特に、既存のフィルターに「横ばい」の期間を追加することで改善するかどうかを試したい。つまり、横ばいと定義した期間には新しいトレードを仕掛けない。さらに言えば、横ばいでは既存のトレードも手仕舞う（両方試していく）。

　２つ目は、RSIトレンドフィルター（フィルター６）を試したい。パート１では、このフィルターは効果がなかった。これはさらに検証したい。

　まずは２つ目のテーマから取り組むことにする。パート１で、フィ

図43　100〜200期間RSIが70超や30未満になることはほとんどない

ルター６の結果がほとんど変わらなかったのは、なぜなのだろうか。まずは定義を確認しておこう。

フィルター６はRSIフィルター　もし直近のY期間RSIが70未満ならば、買う。もしこのRSIが30を上回っていたら空売りする。これは、強気と弱気のフィルターである。

このフィルターを追加したとき、私はあまり深く考えずに買われ過ぎと売られ過ぎの基準は緩めの30と70でよいだろうと思った。

しかし、そう簡単ではなかった。

100〜200期間RSIを計算すると、値が70を超えたり30を下回ったりすることはほとんどか、まったくないのだ。例を挙げておこう。

フィルター６が機能しなかった理由はここにあった。しかも、このパート２でも、私は同じRSIの基準を新しいフィルター５とフィルター６に使っていた。そのため、これらはフィルターがないのと同じか、完全なフィルター（つまりトレードしない）になってしまった。

結局、私はトレンドフィルターからRSIを外すことにした。もう少し調整して機能するようにすることもできるが、無理に機能させようとすることには常に慎重になるべきだと思っている。私の経験から言

っても、やりすぎるとカーブフィッティングになることが多い。

　パート1では、フィルター2の移動平均線フィルターとフィルター3のモメンタムフィルターとフィルター4のハイ・ロウ・ファースト・フィルターとフィルター5のADXフィルターは、それなりの効果を上げ、ADXフィルターの結果が最も良かった。

　パート2では、フィルターとしての結果が中程度だったフィルター3のモメンタムフィルターを使っていく。

　なぜ、最良のフィルター5のADXフィルターを使わないのだろうか。それは、今回の目的がトレンドに対する最高のフィルターを探すことではなく、この概念が多くの市場や時間枠でよく機能するかどうかを見ることにあるからだ。パフォーマンスが平均的であるフィルターを使うほうが、将来のパフォーマンスに対してより多くの洞察を得ることができると思う。もちろんこれは間違っている可能性もある。

　そのうえで、パート2で使うフィルターの候補を見ていこう。ここではフィルター名に「モメンタム（Momentum）」の頭文字を付けた4つのモメンタムフィルター（Mフィルター）を使っていく。

モメンタムフィルター1は「常に」トレードするフィルター　制限なく買いも空売りも仕掛けることができる。結果はパート1のフィルター1と同じか非常に近くなるはずだ。

モメンタムフィルター2はモメンタムフィルター　終値が足Y本前の終値を上回っていたら、買う。空売りはその逆。これは強気と弱気のフィルターである。結果はパート1のフィルター3と同じか非常に近くなるはずだ。

モメンタムフィルター3はダブルモメンタムフィルター　終値が足Y本前の終値と「Y÷2」本前の終値を上回っていたら、買う。空売りはその逆。このフィルターは、短期と長期のモメンタムが一致しないときはトレードしないということだ。

図44　４つのモメンタムフィルター

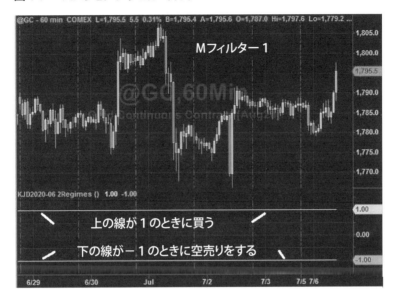

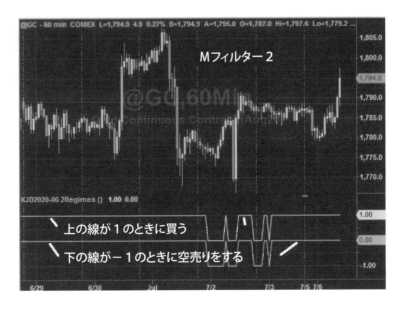

図44　４つのモメンタムフィルター

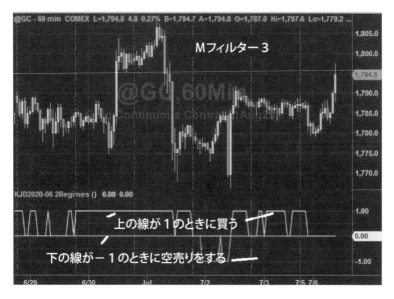

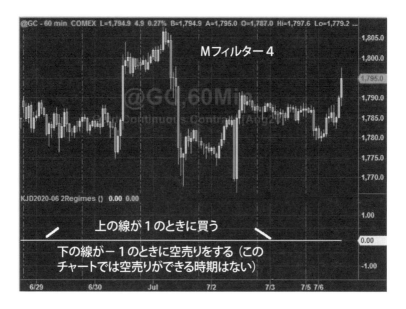

図45　モメンタムフィルターの効果

フィルター ↓↑	損益の平均	日中の最大ドローダウンの平均
Mフィルター１	($50,480.5)	($79,404.0)
Mフィルター２	($7,151.5)	($38,053.8)
Mフィルター３	($5,589.3)	($35,067.9)
Mフィルター４	($4,217.7)	($25,337.8)
平均	($16,859.8)	($44,465.9)

　　モメンタムフィルター４はADXフィルター　終値が足Ｙ本前の終
　値を上回り、かつADXが15を超えていたら（トレンドがあるこ
　とを示している）、買う。空売りはその逆。このフィルターは、
　ADXが15未満のときは仕掛けない。

　図44に４つのフィルターの例を挙げておく。これを見ると、これ
らのフィルターがどれくらい選択的か分かるだろう。
　４つのモメンタムフィルターの結果をまとめてみた（**図45**）。
　モメンタムフィルター３とモメンタムフィルター４（強気と弱気だ
けでなく横ばいも含める）のほうがパフォーマンスが高く、損益も最
大ドローダウンも約60％改善した。これはかなりの効果と言える。
　８つのコア戦略の結果を検証すると、フィルターはすべての戦略を
改善していた。ただ、組み合わせによって改善度が小さいケースもあ
れば、非常に大きいケースもあった（**図46**）。
　この結果をもう少し掘り下げると、さまざまなフィルターの効果は
平均トレード数にも見られる。フィルターなし（モメンタムフィルタ
ー１）と比べると、モメンタムフィルター４はたくさんのトレードを
除去した。その違いは、**図47**と**図48**の２つの図に見ることができる。
　フィルターをかけないと、この戦略は1153回のトレードを行った（**図
47**）。かなりの数だ。
　しかし、モメンタムフィルター４を使うと、トレード数はわずか18
回に減った（**図48**）。

図46　すべての戦略とモメンタムフィルターの組み合わせ

組み合わせ	損益の平均	日中の最大ドローダウンの平均	フィルター1から改善した損益	フィルター1から改善した最大ドローダウン
戦略1				
Mフィルター1（フィルターなし）	-26617.0	-58402.9		
Mフィルター2	-6651.0	-39470.4	$19,966	$18,933
Mフィルター3	-4765.3	-37724.5	$21,852	$20,678
Mフィルター4	-5039.3	-28931.1	$21,578	$29,472
戦略2				
Mフィルター1（フィルターなし）	-33661.6	-68966.3		
Mフィルター2	-6136.1	-41529.7	$27,525	$27,437
Mフィルター3	-4728.4	-38702.2	$28,933	$30,264
Mフィルター4	-4277.2	-27774.6	$29,384	$41,192
戦略3				
Mフィルター1（フィルターなし）	-2240.1	-41842.3		
Mフィルター2	-1007.5	-18324.4	$1,233	$23,518
Mフィルター3	-1510.0	-13351.3	$730	$28,491
Mフィルター4	-1356.8	-9661.0	$883	$32,181
戦略4				
Mフィルター1（フィルターなし）	-7055.6	-36297.6		
Mフィルター2	-4991.4	-34219.6	$2,064	$2,078
Mフィルター3	-4563.9	-33690.2	$2,492	$2,607
Mフィルター4	-3254.2	-20425.3	$3,801	$15,872
戦略5				
Mフィルター1（フィルターなし）	-66103.7	-90980.6		
Mフィルター2	-9311.9	-40915.6	$56,792	$50,065
Mフィルター3	-6068.2	-38284.4	$60,035	$52,696
Mフィルター4	-5277.5	-30404.7	$60,826	$60,576
戦略6				
Mフィルター1（フィルターなし）	-84369.5	-109263.4		
Mフィルター2	-11203.0	-44926.3	$73,166	$64,337
Mフィルター3	-6753.2	-36761.0	$77,616	$72,502
Mフィルター4	-4802.2	-29322.7	$79,567	$79,941
戦略7				
Mフィルター1（フィルターなし）	-81252.5	-105399.3		
Mフィルター2	-8566.4	-42382.6	$72,686	$63,017
Mフィルター3	-8361.2	-41275.0	$72,891	$64,124
Mフィルター4	-4749.8	-27627.2	$76,503	$77,772
戦略8				
Mフィルター1（フィルターなし）	-102544.4	-124079.7		
Mフィルター2	-9345.0	-42662.0	$93,199	$81,418
Mフィルター3	-7963.8	-40754.9	$94,581	$83,325
Mフィルター4	-4984.6	-28555.5	$97,560	$95,524
平均	-16859.8	-44465.9		

図47 フィルターなしの場合

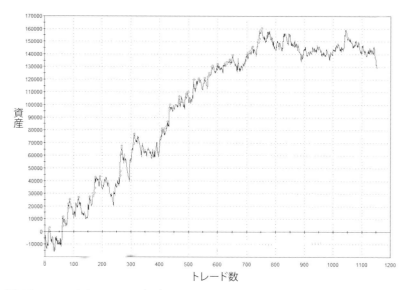

図48 フィルターありの場合

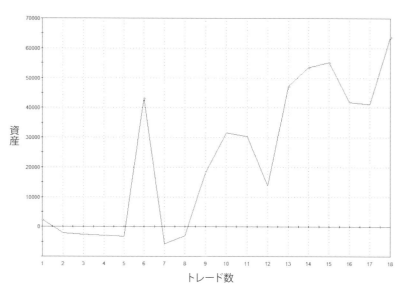

図49　フィルターがトレード数に与える影響

フィルター	平均トレード数
Mフィルター1（フィルターなし）	1071.5
Mフィルター2	139.2
Mフィルター3	93.2
Mフィルター4	9.0
平均	328.2

これは典型的な結果で、フィルターは多くのトレードを除去する。なかでもモメンタムフィルター4は、排除したトレードが特に多かった。

条件が同じならば、一般的にはトレード数が多いほうが有利だが、フィルターはいくつもの悪いトレードを除去して、平均してパフォーマンスを改善することができる。もちろん、「フィルターのかけすぎ」には気をつける必要がある。

フィルターのなかには、トレードを除去しすぎるものもある。検証するときは、トレード数が少なくなりすぎないよう注意してほしい。統計的に、よくトレードするのを好むトレーダーは、トレード数が50を下回るのを嫌がる。また、トレード数が減ると、結果の信頼性も低下する。

結果

私は、強気と弱気のフィルターに「横ばい」を加えても結果があまり改善しなかったことを少し意外に感じた。また、モメンタムフィルター4を使うと結果はかなり改善したが、トレード数が少ないことが気になった。そこで、トレード数は減ってもかなりのトレードができるモメンタムフィルター3を試してみたくなった。

ちなみに、横ばいフィルターを組み込んでも、その間はまったくポジションを持たないというわけではない。説明しよう。

図50　新しいフィルターと元のフィルターの結果

新しいフィルター

組み合わせ	損益の平均	日中の最大ドローダウンの平均
Mbbfフィルター1 （フィルターなし）	($50,480.4)	($79,403.9)
Mbbfフィルター2	($7,461.5)	($37,288.9)
Mbbfフィルター3	($10,235.8)	($27,321.5)
Mbbfフィルター4	($1,872.1)	($7,737.1)

注＝Mbbfフィルターとはモメンタム強気・弱気・横ばいフィルター

元のフィルター

組み合わせ	損益の平均	日中の最大ドローダウンの平均
Mフィルター1 （フィルターなし）	($50,480.5)	($79,404.0)
Mフィルター2	($7,151.5)	($38,053.8)
Mフィルター3	($5,589.3)	($35,067.9)
Mフィルター4	($4,217.7)	($25,337.8)
平均	($16,859.8)	($44,465.9)

強気市場　買いのみを仕掛け、空売りポジションは手仕舞う

弱気市場　空売りのみを仕掛け、買いポジションは手仕舞う

横ばい　　仕掛けることも手仕舞うこともしない

　このアプローチでは、横ばいのときにトレードがなくなるのではなく、新しく仕掛けることができないだけなので、いわば「そのまま待機状態」とも言える。

　結局、わたしは各戦略にコードを書き足して、再検証した（**図50**）。

　結果は、モメンタムフィルター2はほぼ変わらず、モメンタムフィルター3は混合（利益は減ったがドローダウンも減った）、モメンタムフィルター4は改善した（ただし、前述のとおりトレード数が少ない）。つまり、決定打はなく、全般的に良いとか悪いというよりも、フィルターによって結果が変わるようだ。

パート2の結論

損益に注目すると、モメンタムフィルターもMbbfフィルター（モメンタム強気・弱気・横ばいフィルター）もモメンタムフィルター4が最良だった（**図51**）。

ただ、この2つのフィルターを使うとトレード数が少なくなるため、あまり信用はできない。すると、残りはこうなる（**図52**）。

図52を見ると、利益が最大のフィルターとドローダウンが最小のフィルターが違うため、決定的な結果とは言えない。損益を最大にしたければ、モメンタムフィルター3（ダブルモメンタムフィルター）が良いが、ドローダウンを小さくしたければ、同じモメンタムフィルター3で横ばいのときにはすべてのトレードを手仕舞うMbbfフィルター3にすべきだろう。

ここまでで分かったこと

1. 強気・弱気・横ばいフィルターを付けたほうがフィルターがないよりも良い。
2. フィルターは組み合わせによって結果が変わるため、特定の戦略と組み合わせて検証したほうがよい。

私の研究を取り入れるには、私のアイデアとあなたの戦略を併せて検証し、何がうまく機能して、何がうまく機能しないかを見つけてほしい。私の研究は、「XXXXをフィルターとして使え」というような明確な指示をするためのものではない。そうではなく、あなたのアルゴトレードに組み込むことができるアイデアや概念を紹介することであり、本書の真のメリットはそこにある。

ここで少し寄り道して、強気と弱気のフィルターではなく、高ボラ

図51　どちらのフィルターも4が最良だった

フィルター	損益	ドローダウン	トレード数
Mbbfフィルター4	(1,872)	(7,737)	14
Mフィルター4	(4,218)	(25,338)	9
Mフィルター3	(5,589)	(35,068)	93
Mフィルター2	(7,152)	(38,054)	139
Mbbfフィルター2	(7,461)	(37,289)	155
Mbbfフィルター3	(10,236)	(27,321)	259
Mbbfフィルター1（フィルターなし）	(50,480)	(79,404)	1071
Mフィルター1（フィルターなし）	(50,481)	(79,404)	1072

図52　どちらもフィルター3が最良だった

損益の多い順

フィルター	損益	ドローダウン	トレード数
Mフィルター3	(5,589)	(35,068)	93
Mフィルター2	(7,152)	(38,054)	139
Mbbfフィルター2	(7,461)	(37,289)	155
Mbbfフィルター3	(10,236)	(27,321)	259
Mbbfフィルター1（フィルターなし）	(50,480)	(79,404)	1071
Mフィルター1（フィルターなし）	(50,481)	(79,404)	1072

ドローダウンの少ない順

フィルター	損益	ドローダウン	トレード数
Mbbfフィルター3	(10,236)	(27,321)	259
Mフィルター3	(5,589)	(35,068)	93
Mbbfフィルター2	(7,461)	(37,289)	155
Mフィルター2	(7,152)	(38,054)	139
Mbbfフィルター1（フィルターなし）	(50,480)	(79,404)	1071
Mフィルター1（フィルターなし）	(50,481)	(79,404)	1072

ティリティと低ボラティリティを分けるフィルターを試してみよう。
出来高とボラティリティについては、いくつかの考え方がある。

　出来高については、通常よりも多ければ市場で何か重要なことが起こっていると考えるトレーダーもいる。市場では多くの人がトレードしているので、何らかの重要な価格の動きが迫っているのかもしれない。今こそトレードチャンスではないだろうかと思う人もいる。

　もちろん、逆の見方もある。通常よりも出来高が少なければ、シグナルが不明確で不確実性が高まると考える人もいる。このような状態

は、爆発的な動きの前に起こることもあるからだ。出来高が少ないときこそトレードチャンスかもしれないと思う人もいる。

　私にはこの問いの答えは分からないが、これまでの経験から言えば、「低ボラティリティのセットアップ」で仕掛けるほうがうまく機能することが多いように思う。とはいえ、単純に私の検証ではそうだっただけかもしれない。そこで、ここでは高ボラティリティと低ボラティリティの両方を試すことにする。

　似たような問題は、ボラティリティにもある。私はボラティリティをATR（真の値幅の平均）を使って測定している。もしかすると、現在のATRが通常よりも大きければ、トレードすべきタイミングなのかもしれない。あるいはその逆で、ATRが通常よりも小さいときのほうがトレードには向いているのかもしれない。私にはどちらを選ぶべきか分からないため、両方試すことにする。今回は、9つのフィルターを検証する。これらは、ボラティリティ（volatility）と出来高（volume）を合わせているので、VVフィルターと呼ぶことにする。

　VVフィルター1　常にトレードする（フィルターなしの基準値）。
　VVフィルター2　直近の足の真の値幅が100期間、150期間、200期間のATRを上回っているときのみ仕掛ける。
　VVフィルター3　直近の足の真の値幅が100期間、150期間、200期間のATRを下回っているときのみ仕掛ける。
　VVフィルター4　直近の足の出来高が100期間、150期間、200期間の平均出来高を上回っているときのみ仕掛ける。
　VVフィルター5　直近の足の出来高が100期間、150期間、200期間の平均出来高を下回っているときのみ仕掛ける。

フィルター6～9は出来高とボラティリティの組み合わせになる。

図53 ボラティリティ・出来高フィルターの結果（アミ掛け部分が改善 された結果）

フィルター	損益の平均	日中の最大ドローダウンの平均
VVフィルター1（フィルターなし）	($50,477.7)	($79,402.1)
VVフィルター2	($75,397.0)	($83,301.9)
VVフィルター3	($67,797.2)	($74,895.8)
VVフィルター4	($57,377.0)	($65,139.8)
VVフィルター5	($64,769.3)	($73,125.3)
VVフィルター6	($53,086.5)	($59,474.7)
VVフィルター7	($20,329.0)	($23,169.7)
VVフィルター8	($34,324.8)	($38,816.8)
VVフィルター9	($62,053.9)	($67,784.5)
平均	($53,956.9)	($62,790.1)

VVフィルター6 直近の足の真の値幅が100期間、150期間、200 期間のATRを上回り、かつ現在の足の出来高が100期間、150期間、 200期間の平均出来高を上回ったときのみ仕掛ける。

VVフィルター7 直近の足の真の値幅が100期間、150期間、200 期間のATRを上回り、かつ現在の足の出来高が100期間、150期間、 200期間の平均出来高を下回ったときのみ仕掛ける。

VVフィルター8 直近の足の真の値幅が100期間、150期間、200 期間のATRを下回り、かつ現在の足の出来高が100期間、150期間、 200期間の平均出来高を上回ったときのみ仕掛ける。

VVフィルター9 直近の足の真の値幅が100期間、150期間、200 期間のATRを下回り、かつ現在の足の出来高が100期間、150期間、 200期間の平均出来高を下回ったときのみ仕掛ける。

9つのフィルターを合わせると、12万9600通りを試すことになる（図 53）。

結果

結果は、ほとんどのフィルターでさほど興味深いものではなかった。

図54　ボラティリティ・出来高フィルターがトレード数に与える影響

フィルター	平均トレード数
VVフィルター1（フィルターなし）	1771.4
VVフィルター2	1590.7
VVフィルター3	1428.4
VVフィルター4	1206.9
VVフィルター5	1350.2
VVフィルター6	1124.7
VVフィルター7	428.6
VVフィルター8	711.5
VVフィルター9	1301.9
平均	1134.9

　VVフィルター2とVVフィルター3はATRのフィルターで、損益は下がり、最大ドローダウンはあまり変わらなかった。

　VVフィルター4とVVフィルター5は出来高フィルターで、損益は下がったが、最大ドローダウンは多少減った。

　この4つのフィルターは、「聖杯を見つけた」と言えるような結果とは言えない。

　ボラティリティと出来高を組み合わせたVVフィルター6～VVフィルター9では、VVフィルター7とVVフィルター8が損益を増やして最大ドローダウンを減らした。また、これらのケースは、基準のVVフィルター1と比べるとかなりトレード数が減っている。つまり、これはフィルターが機能して、悪いトレードを除去していることを示している（**図54**）。

　VVフィルター7とVVフィルター8は、真逆のことをしてどちらもうまく機能しているのが興味深い。VVフィルター7はボラティリティが平均を超え、出来高が平均未満のときにトレードし、VVフィルター8はボラティリティが平均未満で出来高が平均を超えているときにトレードする。

　VVフィルター7とVVフィルター8の結果を見てみよう（**図55**）。

　もちろん、VVフィルターを使うと結果が悪化したケースもあるが、

図55　VVフィルターの効果

原油市場、戦略1、VVフィルターなし　　原油市場、戦略1、VVフィルター7

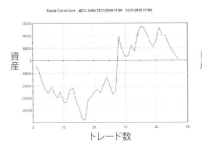 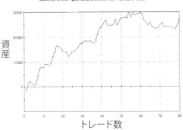

大豆ミール、戦略5、VVフィルターなし　　大豆ミール、戦略5、VVフィルター8

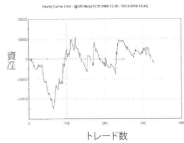 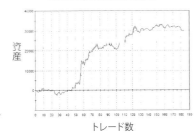

全体的にはVVフィルター7とVVフィルター8を使うとほとんどの
結果が改善した。

VVフィルターの検証に基づいた今後の検証

次は、さまざまな戦略にVVフィルター7とVVフィルター8を組
み合わせて検証していく。

VVフィルター7　直近の足の真の値幅が100期間、150期間、200
期間のATRを上回り、かつ現在の足の出来高が100期間、150期間、

137

200期間の平均出来高を下回ったときのみ仕掛ける。

VVフィルター8　直近の足の真の値幅が100期間、150期間、200期間のATRを下回り、かつ現在の足の出来高が100期間、150期間、200期間の平均出来高を上回ったときのみ仕掛ける。

もし長期間で最適化したくなければ、3つの真ん中の期間に当たる150期間で試すことを勧める。そうすれば、最適化はほかの変数で行うことができる。

まとめ

最後に、これまでのフィルターを組み合わせて検証する。

フィルター1　フィルターなし。

フィルター2　パート2の単純なモメンタム強気と弱気のフィルター。

フィルター3　パート2の単純なモメンタム強気と弱気のフィルターとVVフィルター7。

フィルター4　パート2の単純なモメンタム強気と弱気のフィルターとVVフィルター8。

フィルター5　パート2の最後のセクションの単純なモメンタム強気・弱気・横ばいフィルター。

フィルター6　パート2の最後のセクションの単純なモメンタム強気・弱気・横ばいフィルターとVVフィルター7。

フィルター7　パート2の最後のセクションの単純なモメンタム強気・弱気・横ばいフィルターとVVフィルター8。

これらのフィルターは、これまで試したなかで結果が良かったものを選んでいる（**図56**）。

図56　最終結果

フィルター	損益の平均	日中の最大ドローダウンの平均
フィルター1（フィルターなし）	($50,477.7)	($79,402.1)
フィルター2	($7,455.9)	($37,286.0)
フィルター3	($18,450.2)	($21,570.6)
フィルター4	($9,420.9)	($11,867.7)
フィルター5	($10,235.0)	($27,321.7)
フィルター6	($14,341.4)	($17,031.7)
フィルター7	($7,082.0)	($9,132.0)
平均	($16,780.5)	($29,087.4)

結果

40の市場と5つの時間枠と8つの戦略で検証した結果、全体的に次のようなことが言える。

● 強気・弱気・横ばいフィルターは、強気と弱気のフィルターよりも良い（ドローダウンは良いが利益は良くない、フィルター2とフィルター5で比較）。
● 強気と弱気のフィルターと組み合わせると、VVフィルター8のほうがVVフィルター7よりも良い。
● 全体評価が最も高いのはフィルター7（強気・弱気・横ばいフィルターとVVフィルター8）。

フィルター7は、トレード数をかなり減らしたことで、たくさんの悪いトレードを除去することになったのは素晴らしい（図57）。

ここで、次のような疑問がわくと思う。「確かに損益も最大ドローダウンも改善したが、なぜこれがフィルターだけの効果だと言えるのか。フィルターは単純にトレード数を減らしただけで、悪いトレードだけでなく、良いトレードも一緒に減らしているのではないか」

このことは、データやパフォーマンスの結果が大量にあるときに問

図57　フィルター7はトレード数を大幅に減らした

フィルター	平均トレード数
フィルター1	1071.4
フィルター2	154.8
フィルター3	356.2
フィルター4	214.6
フィルター5	259.2
フィルター6	271.6
フィルター7	164.4
平均	356.0

題になる。どのデータを見るかによって、別の結論を導くことが簡単にできるからだ。そこで、別の数字もいくつか見ていこう。なじみのあるものと、あまりなじみのないものがある。

　まず、「1トレード当たりの平均損益」はフィルターが主に悪いトレードを除去しているのか、単純にトレード数を減らしているのかを教えてくれる。

　図58を見ると、フィルター5とフィルター7が最も良い。フィルター5は単純なモメンタム強気・弱気・横ばいフィルターで、フィルター7はフィルター5に出来高・ボラティリティフィルターを加えたものだ。つまり、損益から見ると、フィルター5が最良ということになる。

　別の見方もある。一歩戻って、全体像を見てみよう。フィルターの本当の目的を覚えているだろうか。悪い結果を除去して良い結果を残すためだった。

　これを調べる1つの方法として、損益で分類することができる。例えば、検証期間中に損益が2万5000ドルを超えたら「良い」結果と判断し、2万5000ドルを超える損失が出たら「悪い」結果とみなすのだ。

　この少し変わった基準を見ていこう。

　図59を見ると、損益が2万5000ドルを超えたトレードは、フィルター2が断トツだった。一方、悪いトレードを省くという意味では、

図58　1トレード当たりの平均損益

フィルター	平均トレード数	平均損益	改善度
フィルター1	1071.4	($47.12)	
フィルター2	154.8	($48.16)	-2.2%
フィルター3	356.2	($51.80)	-10.0%
フィルター4	214.6	($43.89)	6.8%
フィルター5	259.2	($39.49)	16.2%
フィルター6	271.6	($52.81)	-12.1%
フィルター7	164.4	($43.09)	8.5%
平均	356.0		

図59　「良い」結果と「悪い」結果をもたらすフィルター

フィルター	損益が2.5万ドル超になったケースの数
フィルター1（なし）	1,413
フィルター2	2,076
フィルター3	5
フィルター4	27
フィルター5	906
フィルター6	4
フィルター7	22
合計	4,453

フィルター	損益が2.5万ドル未満になったケースの数
フィルター1（なし）	6,858
フィルター2	3,866
フィルター3	3,023
フィルター4	1,623
フィルター5	3,344
フィルター6	2,337
フィルター7	1,133
合計	22,184

フィルター7が最も優れていた。

　ただ、どちらの基準も欠点はある。例えば、フィルター7はたくさんの悪いトレードを省いた半面、良いトレードもたくさん省いた。非常に利益率が高いケースは22回しかなかったのだ。

　それならば、比率で見てはどうだろうか。利益が大きいトレードと損失が大きいトレードの割合だ。

　図60を見ると、比率が最も高いのは、悪いトレードに比べて良い

図60　良いトレードと悪いトレードの比率

フィルター	良いトレードと悪いトレードの比率
フィルター1（なし）	0.21
フィルター2	0.54
フィルター3	0.00
フィルター4	0.02
フィルター5	0.27
フィルター6	0.00
フィルター7	0.02

トレードが多いフィルター2が最良だった。

　これらのことから、フィルターは自分にとって最も重要なことを何にするかによって、選び方が変わることが分かる。

●損益を最大にしたい
●最大ドローダウンを最小にしたい
●1トレード当たりの損益を最大にしたい
●良い結果と悪い結果の比率を最大にしたい

　私にとって最良のフィルターがあなたのそれと同じとは限らない。本章で検証してきたコードを紹介しておこう。

　最初は、単純な戦略から始めたが、あまり良い結果とは言えなかった（戦略5を使った例）。

```
CanTradeLong=True; //no filter
CanTradeShort=True; //no filter
if CanTradeLong = True and close> close [inputvar2] then buy next bar at
market;
if CanTradeShort = True and close <close [inputvar2] then sellshort next
bar at market;
```

図61 戦略自体の結果

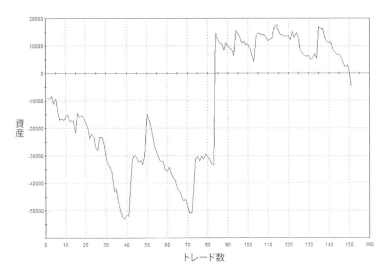

Equity Curve Line - @CL Daily(12/31/2008 17:00 - 12/31/2018 17:00)

次に、モメンタム強気と弱気のフィルターを追加した。

```
CanTradeLong = False;
CanTradeShort = False;
If close> close [InputVar4] Then CanTradeLong = True;
If close <close [InputVar4] Then CanTradeShort = True;
    if CanTradeLong = True and close> close [inputvar2] then buy next bar at
market;
    if CanTradeShort = True and close <close [inputvar2] then sellshort next
bar at market;
```

残念、これではダメだ。

図62を見ると、10年間でトレードがわずか31回しかないことに注
目してほしい。検証するときは、トレード数にも注意してほしい。ト
レード数が少なければ、結果の信頼性も下がるからだ。

　次に、出来高・ボラティリティフィルターを追加してみる。

```
// momentum with volvol filter 8
CanTradeLong = False;
CanTradeShort = False;
If close> close [InputVar4] and Volume>averagefc(volume,InputVar4) and
AvgTrueRange(1)<AvgTrueRange(InputVar4) Then CanTradeLong = True;
If close <close [InputVar4] and Volume>averagefc(volume,InputVar4) and
AvgTrueRange(1)<AvgTrueRange(InputVar4)Then CanTradeShort = True;
if CanTradeLong = True and close> close [inputvar2] then buy next bar at
market;
if CanTradeShort = True and close <close [inputvar2] then sellshort next
bar at market;
```

　少し良くなってきた。

　最後に、**図63**は強気と弱気のフィルターを強気・弱気・横ばいフ
ィルターに変更した。最初の戦略と比べて損益は3万4730ドル増え、
最大ドローダウンは3万2595ドル減った。

```
// momentum with flat period and volvol filter 8
CanTradeLong = False;
CanTradeShort = False;
If close> close [InputVar4] and close> close [InputVar4/2] and
Volume>averagefc(volume,InputVar4) and AvgTrueRange(1)<AvgTrueRange(InputVar4)
Then CanTradeLong = True;
```

図62　単純なモメンタムフィルターでは改善しなかった

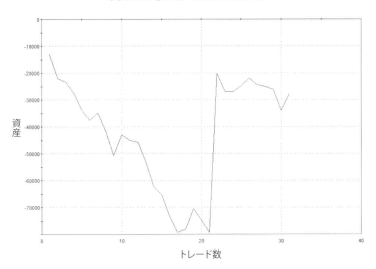

図63　出来高・ボラティリティフィルターでパフォーマンスが改善

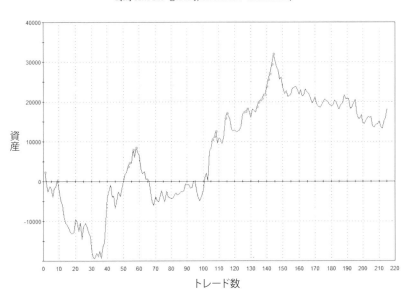

```
If  close  <close  [InputVar4]  and  close  <close  [InputVar4/2]  and
Volume>averagefc(volume,InputVar4)  and  AvgTrueRange(1)<AvgTrueRange(InputVar4)
Then CanTradeShort = True;

   if CanTradeLong = True and close> close [inputvar2] then buy next bar at
market;

   if CanTradeShort = True and close <close [inputvar2] then sellshort next
bar at market;
```

図64の変更は、これが特別なケースではなく、たくさんの戦略や市場や時間枠において結果を改善しそうな点が良かった。

ただし、これは１つの例にすぎないため、自分の状況に合わせて検証する必要がある。もしかすると、このフィルターがあなたの戦略の助けになるかもしれないが、助けにならないかもしれない。

アルゴトレードのチートコード

●今回の研究に基づいて、私ならば下を検証する──オプション１

```
// momentum with flat period and volvol filter 8
CanTradeLong = False;
CanTradeShort = False;
//Set InputVar4 to between 100 and 200 (not much difference from 100 to
200)
If close> close [InputVar4] and close> close [InputVar4/2] and Volume>
averagefc (volume, InputVar4) and AvgTrueRange(1) <AvgTrueRange (InputVar4)
Then CanTradeLong = True;

If close <close [InputVar4] and close <close [InputVar4/2] and Volume>
averagefc (volume, InputVar4) and AvgTrueRange(1) <AvgTrueRange (InputVar4)
```

図64　横ばいフィルターを追加

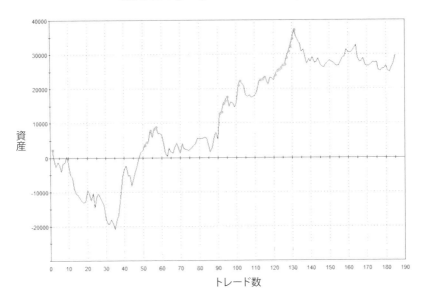

Equity Curve Line - @CL Daily(12/31/2008 17:00 - 12/31/2018 17:00)

```
Then CanTradeShort = True;
    if CanTradeLong = True and YOUR LONG ENTRY then buy next bar at market;
    if CanTradeShort = True and YOUR SHORT ENTRY then sellshort next bar at
market;
```

●今回の研究に基づいて、私ならば下を検証する——オプション２

```
// momentum buy/bear filter only
CanTradeLong = False;
CanTradeShort = False;
//Set InputVar4 to between 100 and 200 (not much difference from 100 to
200)
```

147

```
If close> close [InputVar4] Then CanTradeLong = True;

If close <close [InputVar4] Then CanTradeShort = True;

if CanTradeLong = True and YOUR LONG ENTRY then buy next bar at market;

if CanTradeShort = True and YOUR SHORT ENTRY then sellshort next bar at
market;
```

● トレンドに基づいた強気・弱気・横ばいフィルターは平均的に損益
　とドローダウンを改善する。
● 出来高とボラティリティに基づいたフィルターは結果を改善する可
　能性がある。
● どのようなフィルターでも、本格的な検証を始める前に戦略に組み
　込む。

第 8 章

最良の手仕舞い法

Exit Testing

　トレーダーにトレード法を聞くと、8割が仕掛けについて答える。

「トレンドラインで確認して仕掛ける」
「終値が9期間移動平均線を上回り、RSI（相対力指数）が売られ過ぎでなければ買いを仕掛ける」
「オーダーフローが下落を示唆していれば、空売りする」

　みんなが仕掛けにこだわっていることは、トレード系のユーチューブを見てもよく分かる。ほとんどが仕掛けについて話している。トレードに関してさまざまなテーマの動画を配信している私のユーチューブチャンネルでさえ、最も人気があるのは仕掛けについてだ。
　しかし、トレードにおいて仕掛けはほんの一部でしかない。資金管理、心理、ポジションサイズなどすべてにその役割がある。そして、もちろん手仕舞いも忘れてはならない。実際、手仕舞いのほうが仕掛けよりも重要な場合もたくさんある。
　手仕舞いの重要性に見合う認識を促すため、これから基本的なものを含めてさまざまな手仕舞い法を調べていく。本章では、最良の手仕舞い法を見つけていきたい。

どの手仕舞い法を選択すべきか

　本書をここまで読んでくれば、私が複雑な方法よりも単純な方法を好むことは分かったと思う。私の経験から言えば、単純な戦略のほうが複雑で変数が多い戦略よりも長く使えるものが多い。今回は、さまざまなタイプの手仕舞い法を検証するため、「単純」「少し複雑」「複雑」のレベルからそれぞれいくつかを検証していく。

単純な手仕舞い法

１．ドテン
２．時間による手仕舞い
３．金額による損切り
４．金額による利益目標
５．金額による損切りと金額による利益目標
６．ATR（真の値幅の平均）による損切り
７．ATRによる利益目標
８．ATRによる損切りと金額による利益目標

少し複雑な手仕舞い法

９．トレーリングストップ
10．ブレイクイーブンストップ

複雑な手仕舞い法

11．パラボリックストップ
12．シャンデリアストップ
13．ヨーヨーストップ
14．チャネルストップ
15．移動平均線ストップ

これらの手仕舞い法については後述する。今回は、手仕舞い法のパラメーターに9つの値を入れて検証していく。

ちなみに、今回の研究ではMOC注文（引成注文）を使わない。この注文は、特定の環境を除いて、実際のトレードで機能しないからだ（少なくともトレードステーションでは）。

仕掛け、市場、それ以外のこと

仕掛けについては、手仕舞い法ごとに5つの仕掛け法で試していく。イージーランゲージコードと合わせて紹介する。

1．モメンタムを使った単純な仕掛け

```
If close>close[InputVar2] then buy next bar at market;

If close<close[InputVar2] then sell short next bar at market;
```

2．ブレイクアウトの次の足の仕掛け

```
If high=highest(high,InputVar2) then buy next bar at market;

If low=lowest(low,InputVar2) then sell short next bar at market;
```

3．1本の移動平均線を使った仕掛け

```
If close crosses above average(close,InputVar2) then buy next bar at
market;

If close crosses below average(close,InputVar2) then sell short next bar
at market;
```

4．ボリンジャーバンドを使った仕掛け

```
If close crosses above BollingerBand( close, InputVar2, -2) then buy next
bar at market;

If close crosses below BollingerBand( close, InputVar2, +2) then sell
```

```
short next bar at market;
```

5．ボラティリティを使った仕掛け

```
If Close> close[1] + AvgTrueRange( InputVar2 ) * 1.5 then buy next bar at
market;
If Close< close[1] - AvgTrueRange( InputVar2 ) * 1.5 then sellshort next
bar at market;
```

　上のコードの「InputVar2」は仕掛けを最適化するためのルックバック期間で、今回は15と25と35で試す。

市場

　今回は、40の先物市場で試す（トレードステーションのつなぎ足のシンボルで表示）。

通貨

@AD、@BP、@CD、@DX、@EC、@JY、@SF

農産物とソフト

@BO、@C、@CC、@CT、@FC、@KC、@KW、@LC、@LH、@O、@OJ、@RR、@S、@SB、@SM、@W

貴金属

@GC、@HG、@PL、@SI

エネルギー

@CL、@HO、@NG、@RB

金利

@FV、@TY、@US

株価指数

@ES.D、@ES、@NK、@NQ、@RTY、@YM

(AD = Australian Dollar、BO = Soybean Oil、BP = British Pound、C = Corn、CC = ICE Cocoa、CD = Canadian Dollar、CL = Crude Oil、CT = ICE Cotton #2、DX = U.S. Dollar Index、EC = Euro FX、ES.D = E-Mini S&P 500、ES = E-Mini S&P 500、FC = Feeder Cattle、FV = 5-Year T-Note、GC = Gold、HG = High Grade Copper、HO = Heating Oil、JY = Japanese Yen、KC = ICE Coffee、KW = KCBT Wheat、LC = Live Cattle、LH = Lean Hogs、NG = Natural Gas、NK = Nikkei 225、NQ = E-Mini Nasdaq 100、O = Oats、OJ = ICE Orange Juice FCOJ-A、PL = Platinum、RB = Gasoline RBOB、RR = Rough Rice、S = Soybeans、SB = ICE Sugar#11、SF = Swiss Franc、SI = Silver、SM = Soybean Meal、RTY = E-mini Russell 2000 Index Futures、TY = 10-Year T-Note、US = 30-Year T-Bond、W = Wheat、YM = Mid-Sized ($5) Dow Industrials)

時間枠

結果は時間枠によって劇的に変わるため、下の5つの時間枠を試す。

60分足

120分足

360分足

720分足

1440分足（日足）

検証期間

すべてのケースを2010年1月1日から2020年1月1日までの10年間のデータを使って試す。

そのほかの条件

スリッページと手数料については、これまで同様、妥当と思われる金額を含めて検証を行う。スリッページは各市場の流動性や出来高によって変わってくるため、金額は私の実際のトレード経験と市場価格の詳細な分析を合わせて決めている。

手仕舞いのなかには、正確な結果を得るためにLIBB（ルック・インサイド・バー・バックテスティング）を使う必要があるものもある。LIBBやその重要性を知らない人は、次の動画（https://www.youtube.com/watch?t=482&v=tNWdJeHRZNE&feature=youtu.be）を見てほしい。8分02秒から説明が始まる。

結果の比較方法

56万7000回の検証結果を比較するとなると、「どれが最良かをどうやって決めるのか」という問題が出てくる。

今回、私は2つの異なる基準に基づいて結果を比較していく。

口座リターン＝合計損益÷最大ドローダウン
損益が2万5000ドル超のケース＝損益が高いケース

この2つの基準を選んだ理由だけで新しい章が書けるし、ほかの基準を選ぶべき意見もいくらでもあるだろう。

ただ、ここでの目的はリスク調整済みリターンを比較することと、どの組み合わせが全体的に「高い」損益を生み出すかを見つけることにある。私の個人的な経験から言えば、上の2つの基準で冴えない結

果のときは、戦略の仕掛けと手仕舞いが良くない場合が多い。

検証のまとめ

　40市場×5つの時間枠×5つの仕掛け方×3つの期間×15の手仕舞い×9つの仕掛けのセットアップ＝40万5000回の検証となった（実は、検証途中で別の手仕舞い法を追加したため、合計は56万7000回に増えた）。

　トレードステーションで検証を行うならば、すぐにこれが非常に退屈で時間がかかる作業だということに気づくだろう。そこで、検証を加速するために、私はトレードステーションのOODL（オブジェクト・オリエンテッド・イージーランゲージ）という最適化用API（アプリケーション・プログラミング・インタフェース）を使って特注したマルチオプトというソフトウェアを使っている。トレードステーションのAPIはトレードステーションのすべてのユーザーが無料で使えるため、多少の時間と労力をかければだれでも独自の「スピード検証」ツールを作ることができる。

　ちなみに、今回のセットアップですべてのケースを検証するのに、マルチスレッドを使ってもノンストップで100時間以上かかった。

重要ポイント

　これから、検証結果を紹介するが、あなたが検証した場合は違う結果になり、違う結論に至る可能性もある。仕掛けや手仕舞いのプログラムや変数のレンジなどが、私とは違うからかもしれない。

　また、平均パフォーマンスという基準で全体的に手仕舞い法Aのほうが手仕舞い法Bよりも良くなったからといって、手仕舞い法Aのほうが常に良いとも限らない。例えば、市場や時間枠によっては、手仕舞い法Bのほうが手仕舞い法Aよりもうまく機能するケースもあるか

もしれない。

　重要なのは、仮に私の結果をあなたの研究の指針にするとしても、必ず自分で検証と分析を行って確認してほしいということだ。結局、あなたのトレード口座に関しては、あなたの戦略であなたが検証しなければならない。

　そうは言っても、今回の研究はあなたにとって大いに時間の節約になる。例えば、最悪の手仕舞い法をわざわざ検証する必要はない。まずは良い結果に注目するとよい。

パート1　基準の手仕舞い（ドテン）と時間による手仕舞い結果

ドテン

```
If close>close[InputVar2] then buy next bar at market;
If close<close[InputVar2] then sell short next bar at market;
```

　トレードステーションのイージーランゲージコードを見ると、手仕舞いがないように見えるかもしれないが、そんなことはない。トレードステーションで「買い」という言葉には2つの意味がある。1つは空売りを手仕舞うこと（買い戻し）で、2つ目は買いポジションを新規に建てることだ。「売り」はその逆になる（買いポジションを手仕舞うことと新規の売りポジションを建てること）。つまり、標準的な買いや売りという言葉は、ドテンを意味していることもある。

　ちなみに、最初の手仕舞いであるドテンのケースは必ず反対のトレードをするために、結果的に常にトレードをしている状態になる。

　また、今回の研究では、すべての手仕舞いのケースがドテンを組み込んでいる。前出のコードを使っているからだ。前述のとおり、このコードは既存のポジションをドテンさせる。今回の検証ではすべてに

このコードを使っている。

　ただ、その代わりに次のようなコードを使うこともできる。ぜひ自分で検証してみてほしい。

```
If mp=0 and close>close[InputVar2] then buy next bar at market;
If mp=0 close<close[InputVar2] then sell short next bar at market;
```

　コードのなかの「mp」は、マーケットポジションを表しており、現在のポジションがマル（mp=0）のときのみ仕掛けるようになっている。これはドテンされない。

　このようなコードを使うときは、戦略にほかの手仕舞いを含めておくようにしてほしい。そうしなければ、仕掛けたポジションをまったく手仕舞わないということにもなりかねないからだ。

時間による手仕舞い

　仕掛けのシグナルが「有効」なのは何本かの足の間だけだと判断したときに、無効になったところで手仕舞うことは理にかなっている。伝説のトレーダーであるジョン・ヘンリーは、このような手仕舞いを好んだと言われている。

　トレードステーションのイージーランゲージコードでは次のようになる。

```
If MP=1 and BarsSinceEntry>InputVar4*5 then sell next bar market; //exit
long trades
If MP=-1 and BarsSinceEntry>InputVar4*5 then buytocover next bar market;
//exit short trades
```

　私は、InputVar4を1～9の間で変えているため、この戦略では仕

図65　ドテンと時間による手仕舞いの比較

手仕舞い	↓T	口座リターン
ドテン		-7.9
時間		-25.9
平均		**-16.9**

手仕舞い	↓T	利益2.5万ドル超
ドテン		3528
時間		2355
合計		**5883**

掛けたあと5～45本の間の足で手仕舞うことになる。

　それでは**図65**で結果を見て行こう。どこから見ても結果はかなり明らかで、ドテンのほうが時間による手仕舞いよりもはるかに良かった。

　ドテンは平均口座リターンも、「高利益」なケースも多かった（ドテンは変数が1つの値しかないが、時間による手仕舞いは9つの値があるため、調整している）。

　もう1つ興味深いのは、どちらの手仕舞い法も10年間運用した平均結果は損失に終わったことだ。もちろん、これは市場の選び方や仕掛け法や時間枠の選択によるものかもしれない。

　このデータをさらに詳しく見て行こう。

セクター別の結果

　市場セクターごとに見ると、ドテンがすべてのセクターで時間による手仕舞いを上回っていた。また、平均利益がプラスになったのは貴金属と株価指数だけだった。もしかすると、この2つのセクターはほかのセクターよりもトレンドが強かったのかもしれない（**図66**）。

時間枠

　第7章でも書いたが、トレードシステムでは長い時間枠のほうがうまく機能する傾向がある。これは長い時間枠だとノイズが減るからなのか、高頻度トレード会社の領域と離れることができるからなのかは

図66　セクター別のリターン

口座リターン

手仕舞い	農産物	通貨	エネルギー	貴金属	金利	ソフト	株価指数	合計
ドテン	-25.9	-19.2	-20.0	9.7	-26.6	-32.0	64.2	-7.9
時間	-34.8	-34.4	-33.4	-1.3	-54.3	-37.2	12.1	-25.9
平均	-30.3	-26.8	-26.7	4.2	-40.4	-34.6	38.2	-16.9

利益2.5万ドル超

手仕舞い	農産物	通貨	エネルギー	貴金属	金利	ソフト	株価指数	合計
ドテン	396	432	414	693	99	216	1278	3528
時間	301	221	307	555	36	146	789	2355
合計	697	653	721	1248	135	362	2067	5883

分からないが、ほかの条件が同じならば、日足を使うほうが60分足を使うよりも利益率が高くなった。**図67**を見ると、結果が最も悪かったのは最短の60分足だった一方、最も良かったのは720分足（12時間足）で、次に良いのが1440分足（日足）だった。

仕掛け法別の結果

　以前に仕掛けに関する研究を行ったことがあるが、結果は一般的な仕掛け法のなかでブレイクアウトの仕掛けが最も優れていた。

　今回の結果は、そのことを確認している。

ドテンで手仕舞うときの最良の仕掛け方

1．ブレイクアウト
2．ボリンジャーバンド
3．ボラティリティブレイク
4．モメンタム
5．移動平均線の交差

図67　時間枠別の結果

口座リターン						
手仕舞い	120分足	360分足	60分足	720分足	1440分足	平均
ドテン	-29.9	3.5	-58.9	26.4	19.4	-7.9
時間	-53.7	-15.7	-78.5	7.2	10.9	-25.9
平均	**-41.8**	**-6.1**	**-68.7**	**16.8**	**15.2**	**-16.9**

利益2.5万ドル超						
手仕舞い	120分足	360分足	60分足	720分足	1440分足	合計
ドテン	513	846	252	1008	909	3528
時間	204	549	49	795	758	2355
合計	**717**	**1395**	**301**	**1803**	**1667**	**5883**

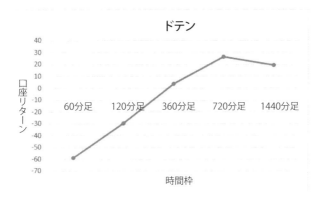

時間によって手仕舞うときの最良の手仕舞い

1．ボリンジャーバンド
2．ボラティリティブレイク
3．ブレイクアウト
4．移動平均線の交差
5．モメンタム

　どちらの手仕舞いも、トップ3はボリンジャーバンドとボラティリ
ティブレイクとブレイクアウトだった。そして、5つのうち4つの仕
掛けで、ドテンが時間よるものよりも良かった（**図68**）。

図68　仕掛け別の結果

口座リターン 手仕舞い	ボリンジャー バンド	ブレイク アウト	モメンタム	移動平均線の 交差	ボラティリティ ブレイク	平均
ドテン	25.3	27.2	-46.4	-52.5	7.1	-7.9
時間	-2.4	-15.6	-54.2	-50.5	-7.2	-25.9
平均	11.5	5.8	-50.3	-51.5	-0.1	-16.9

利益2.5万ドル超 手仕舞い	ボリンジャー バンド	ブレイク アウト	モメンタム	移動平均線の 交差	ボラティリティ ブレイク	合計
ドテン	1080	981	351	261	855	3528
時間	667	622	295	289	482	2355
合計	1747	1603	646	550	1337	5883

結論——ドテン対時間による手仕舞い

今回の研究では、市場セクターや時間枠やそれ以外のほとんどのパラメーターで、ドテンのほうが時間による手仕舞いよりも明らかに優れていた。

もちろん、時間による手仕舞いを放棄しろということではないが、多くの場合、システムを複雑にしても価値を高めるわけではないことは知っておいたほうがよい。

アルゴトレードのチートコード

●戦略を構築するときは、時間による手仕舞いよりも前にドテンを試す。

パート2　ほかの単純な手仕舞い

ここでは、比較的単純な6つの手仕舞い法を見ていく。このなかに、ドテンを上回るものがあるだろうか。

まず、金額による損切り（逆指値）と利益目標（指値）を試す。私が行った別の研究では、ATRによる損切りが金額による損切りより

も良い結果になった。しかし、これは別の研究だったので、今回違う結論に至るかどうかを見ていこうと思う。

　今回のすべての検証において、入力値InputVar4は1〜9の値を取る。つまり、1枚当たりの損切りは500〜4500ドル、利益目標は1000〜9000ドルとなる。ちなみに、InputVar4＝9の場合は、損切りも利益目標もないことを意味している。

金額による損切り

　これは単純だ。この手仕舞いは、反転するまで含み益を増やし続けることができる。潜在利益の限度がない。

```
SetStopLoss(InputVar4*500); //Dollar Stop Exit
```

金額による利益目標

　この目標値は指値注文を使うため、自分のプラットフォームが指値を超えたときのみ執行するようになっていることを確認しておく。

　ただ、手仕舞いを指値注文だけにすると危険かもしれない。その価格に届かずに逆行し、ドテンどころか損失がどんどん増えてしまうこともあるからだ。1つのトレードでも大きな損失を被ることがある。その一方で、利益目標は利益を限定することになり、これも良い考えとは言えないケースがある。

```
SetProfitTarget(InputVar4*1000); //Dollar Target Exit
```

金額による損切りと金額による利益目標を併せて使う

　損切りと利益目標の両方で手仕舞う方法。ここでは、とりあえず利益目標を損切りの2倍とした。これは明らかに最適化できるところだが、今回の研究では行わない。

```
SetStopLoss(InputVar4*500); //Dollar Stop Exit
SetProfitTarget(InputVar4*1000); //Dollar Target Exit (2 times stop level)
```

ATRによる手仕舞い

ATRによる損切り

ATRに基づいた手仕舞いは14本の足のATRを使って算出する。潜在利益に制限はない。

```
SetStopLoss(BigPointValue*InputVar4*AvgTrueRange(14)/3);
```

ATRによる利益目標

この利益目標は、ATRに基づいて指値注文を出す。問題点の多くは金額による利益目標と同じである。

```
SetProfitTarget(BigPointValue*InputVar4*AvgTrueRange(14)/1.5);
```

ATRによる損切りと金額による利益目標

この手仕舞いは損切りと利益目標がある。ここではとりあえず利益目標を損切りの2倍とした。将来、この値を最適化するための研究を行うかもしれない。

```
SetStopLoss(BigPointValue*InputVar4*AvgTrueRange(14)/3);
SetProfitTarget(BigPointValue*InputVar4*AvgTrueRange(14)/1.5);
```

全体の結果

結果をまとめると次のようになる（**図69**）。

図69 単純な手仕舞いの結果

手仕舞い	口座リターン
ドテン	-7.9
金額による利益目標	-10.5
金額による損切り	-19.2
ATRによる利益目標	-21.2
金額による損切りと利益目標	-22.6
時間による手仕舞い	-25.9
ATRによる損切り	-27.0
ATRによる損切りと利益目標	-42.8
平均	-22.1

手仕舞い	利益2.5万ドル超
ドテン	3528
金額による利益目標	3238
ATRによる利益目標	2696
金額による損切り	2691
ATRによる損切り	2383
時間による手仕舞い	2355
金額による損切りと利益目標	2310
ATRによる損切りと利益目標	1626
合計	20827

●ここでもドテンの結果が最良だった。
●全般的に金額による損切りのほうがATRによる損切りよりも良かった。
●全般的に利益目標による手仕舞いのほうが損切りを置くよりも良かった。
●「損切り」と「利益目標」と「損切り＋利益目標」の３つでは、常に「損切り＋利益目標」が最低だった。

　ここで分かったことは、私が以前行った研究の結果とも合致している。以前もドテンが最良だった。ただ、以前はATRによるものは金額によるものよりも若干良かったが、今回は金額によるもののほうが少し良かった。これは、戦略やパフォーマンスの基準などの違いによるものかもしれない。
　今回の主な結論は、ドテンがやはり優れていたということだった（図70）。

図70　最良と最悪の手仕舞い

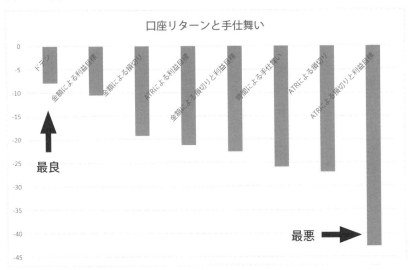

セクター、時間枠、仕掛け方別のパフォーマンス

　ほぼすべてのセクターで、ドテンが最良で、次に良かったのが利益目標だった。この結果は、市場でよく言われる「利は伸ばせ」とは矛盾している。もしかすると、利益を伸ばすのはある程度のところまでにしておいたほうがよいのかもしれない。これは興味深い。

　時間枠別で見ても、ドテンと1440分足が最良だった。

　もしかすると、手仕舞いごとにうまく機能する仕掛けがあるのかもしれない。ただ、データを見ると、やはりほとんどの場合において、ドテンが最良だった。

　セクターと時間枠と仕掛け方別の結果をまとめておく（**図71**）。

アルゴトレードのチートコード

●ほとんどの場合、最良の手仕舞い法は単純なドテンで、次が金額に

図71　セクターと時間枠と仕掛け方別の結果

口座リターン

手仕舞い	農産物	通貨	エネルギー	貴金属	金利	ソフト	株価指数	平均
ドテン	-25.9	-19.2	-20.0	9.7	-26.6	-32.05	64.2	-7.9
金額による利益目標	-27.2	-15.6	-24.5	-1.3	-26.8	-32.00	55.3	-10.5
ATRによる利益目標	-41.0	-19.2	-32.4	-7.3	-37.3	-41.7	36.2	-21.2
金額による損切り	-29.1	-27.4	-29.7	-12.9	-35.6	-36.8	34.1	-19.2
ATRによる損切り	-39.1	-38.5	-32.0	-13.8	-51.1	-44.6	29.9	-27.0
金額による損切りと利益目標	-32.1	-27.8	-33.6	-20.2	-42.2	-36.7	28.0	-22.6
時間による手仕舞い	-34.8	-34.4	-33.4	-1.3	-54.3	-37.2	12.1	-25.9
ATRによる損切りと利益目標	-54.9	-44.8	-44.9	-26.8	-65.7	-52.2	-8.0	-42.8
平均	**-35.5**	**-28.4**	**-31.3**	**-9.3**	**-42.4**	**-39.2**	**31.5**	**-22.1**

利益2.5万ドル超

手仕舞い	農産物	通貨	エネルギー	貴金属	金利	ソフト	株価指数	合計
ドテン	396	432	414	693	99	216	1278	3528
金額による損切り	396	308	323	485	70	178	931	2691
金額による利益目標	341	411	369	582	106	151	1278	3238
ATRによる損切り	319	231	325	501	43	137	827	2383
時間による手仕舞い	301	221	307	555	36	146	789	2355
金額による損切りと利益目標	292	269	252	418	50	144	885	2310
ATRによる利益目標	195	341	330	504	89	112	1125	2696
ATRによる損切りと利益目標	137	193	222	393	18	106	557	1626
合計	**2377**	**2406**	**2542**	**4131**	**511**	**1190**	**7670**	**20827**

口座リターン

手仕舞い	120分足	360分足	60分足	720分足	1440分足	平均
ドテン	-29.9	3.5	-58.9	26.4	19.4	-7.9
金額による利益目標	-31.8	0.6	-59.6	18.2	20.1	-10.5
金額による損切り	-35.6	-4.0	-63.8	9.4	-2.1	-19.2
金額による損切りと利益目標	-38.8	-10.6	-64.3	-0.2	0.9	-22.6
ATRによる損切り	-49.7	-11.1	-76.8	5.7	-3.2	-27.0
ATRによる利益目標	-50.8	-11.8	-77.8	13.5	20.9	-21.2
時間による手仕舞い	-53.7	-15.7	-78.5	7.2	10.9	-25.9
ATRによる損切りと利益目標	-69.7	-35.6	-87.7	-14.0	-6.9	-42.8
平均	**-45.0**	**-10.6**	**-70.9**	**8.3**	**7.5**	**-22.1**

利益2.5万ドル超

手仕舞い	120分足	360分足	60分足	720分足	1440分足	合計
ドテン	513	846	252	1008	909	3528
金額による利益目標	497	759	244	872	866	3238
金額による損切り	398	771	183	767	572	2691
金額による損切りと利益目標	382	592	188	632	516	2310
ATRによる利益目標	290	606	104	831	865	2696
ATRによる損切り	274	657	108	745	599	2383
時間による手仕舞い	204	549	49	795	758	2355
ATRによる損切りと利益目標	127	381	37	554	527	1626
合計	**2685**	**5161**	**1165**	**6204**	**5612**	**20827**

口座リターン 手仕舞い	ボリンジャーバンド	ブレイクアウト	モメンタム	移動平均線の交差	ボラティリティブレイク	平均
ドテン	25.3	27.2	-46.4	-52.5	7.1	-7.9
金額による利益目標	20.1	22.3	-50.5	-52.7	8.3	-10.5
金額による損切り	2.6	9.7	-50.0	-54.1	-4.2	-19.2
ATRによる利益目標	6.9	6.1	-58.2	-58.0	-2.7	-21.2
金額による損切りと利益目標	-8.3	7.8	-56.1	-54.4	-2.0	-22.6
時間による手仕舞い	-2.4	-15.6	-54.2	-50.5	-7.2	-25.9
ATRによる損切り	-11.8	-0.5	-54.3	-54.5	-13.8	-27.0
ATRによる損切りと利益目標	-32.2	-31.1	-67.5	-60.0	-23.1	-42.8
平均	0.0	3.2	-54.6	-54.6	-4.7	-22.1

利益2.5万ドル超 手仕舞い	ボリンジャーバンド	ブレイクアウト	モメンタム	移動平均線の交差	ボラティリティブレイク	合計
ドテン	1080	981	351	261	855	3528
金額による利益目標	942	1075	274	201	746	3238
ATRによる利益目標	812	887	234	184	579	2696
金額による損切り	730	796	300	240	625	2691
時間による手仕舞い	667	622	295	289	482	2355
ATRによる損切り	629	672	288	258	536	2383
金額による損切りと利益目標	560	798	209	182	561	2310
ATRによる損切りと利益目標	427	451	188	176	384	1626
合計	5847	6282	2139	1791	4768	20827

よる利益目標だった。

パート3　少し複雑な手仕舞い法

　ここでは、少し複雑な手仕舞いを見ていく。このタイプは諸刃の剣になることが多い。これらの手仕舞いの多くは「調整」のためのパラメーターが増え、バックテストを行うにはよいが、必ずしも実際のパフォーマンスが良くなるわけではない。最適化するパラメーターが増えれば、カーブフィッティングになってしまう可能性も高くなるということを覚えておいてほしい。

トレーリングストップ

　トレーリングストップとは、単純に買いポジションならば価格の下に置いた逆指値を、空売りポジションならば上に置いた逆指値を株価を追うように移動させて手仕舞う（**図72**）。

```
//trailing stop
If marketposition=1 and openpositionprofit<maxpositionprofit-InputVar4*500
then sell next bar at market;
If marketposition=-1 and openpositionprofit<maxpositionprofit-InputVar4*500
then buytocover next bar at market;
```

　「InputVar4*500」は現在値とトレーリングストップとの間の値幅。これは逆指値注文ではなく、次の足の寄り付きに成り行き注文が出される。

　上のコードは、足の寄り付きで毎回条件を確認するようになっている。ちなみに、maxpositionprofitはトレードステーションの予約語で、ポジションを手仕舞うまでの間、最大利益を計算するようになってい

図72　トレーリングストップの定義

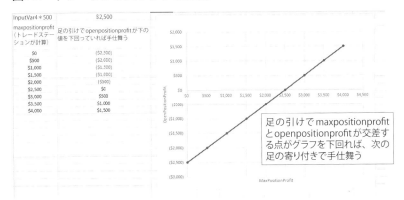

る。

この手仕舞いを逆指値注文に変えてもよい。

具体的に見て行こう。例えば、InputVar4＝5ならば、1枚当たり5×500＝2500ドルの値幅で価格を追う。もしmaxpositionprofitが1回も0を上回ることがなく、openpositionprofit（これもトレードステーションの予約語）が損失が2500ドルより増えれば、手仕舞いのシグナルが出る。もしmaxpositionprofitが4000ドル（最大利益）に達してから、openpositionprofitが1500ドルを下回れば、やはり手仕舞いのシグナルが出る。

ブレイクイーブンストップ

ブレイクイーブンストップは非常に単純で、利益が特定の額、つまり0を回復したら手仕舞う。これは、トレードステーションの予約語を使って簡単に処理できる。

```
SetBreakEven(InputVar4*500);
```

パラボリックストップ、シャンデリアストップ、ヨーヨーストップ

上の３つの手仕舞いはどれもかなり複雑な方法なので、ここでは詳しく説明しないが、学びたければさまざまな資料がある。

パラボリック

https://www.investopedia.com/terms/p/parabolicindicator.asp

シャンデリア

https://corporatefinanceinstitute.com/resources/knowledge/tradinginvesting/chandelier-exit/

ヨーヨー

これについては、良い説明がある。

The "Yo Yo" Exit	「ヨーヨー」ストップ
The "Yo Yo" Exit is usually set at about 2 ATRs below the most recent close	「ヨーヨー」ストップは、通常、直近の終値から2ATR下に置く。
As the close moves higher and lower the stop moves up and down – hence the name.	終値が上や下に動けば、ヨーヨーストップも上や下に動く。それが名前の由来だ。
Logic: The "Yo Yo" exit identifies abnormal volatility in the wrong direction	仕組みは、「ヨーヨー」ストップは逆行する異常なボラティリティを見つけてくれる。
The "Yo Yo" exit is a supplemental exit. It can not be your primary exit. It does not protect capital – it tells you when you are on wrong side of the market.	「ヨーヨー」ストップは、補助的な手仕舞い法であり、主たる手仕舞い法ではない。これで資本を守ることはできないが、自分が市場の間違った側にいることは教えてくれる。

全体の結果

５つの複雑な手仕舞いのパフォーマンスを、基準値であるドテン（今のところ最良策）と比較してみよう。繰り返しになるが、ドテンはすべての戦略に含まれているため、複雑な手仕舞いがドテンと置き換わ

図73　ヨーヨーストップの動き

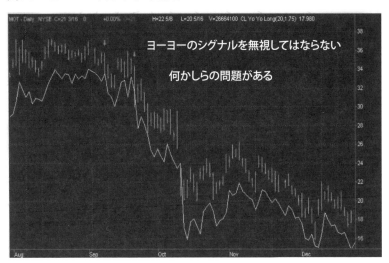

るわけではないが、ドテンよりも適切なタイミングで手仕舞ってくれることを期待したい（**図74**）。

　複雑な手仕舞いは３つのグループに分類できる。１つ目は「良い」グループで、ここにはブレイクイーブンストップが入る。これはドテンと比べてもあまり見劣りしない。２つ目のグループはトレーリングストップとパラボリックストップで、パフォーマンスは明らかにブレイクイーブンストップよりも一段階劣っていた。３つ目のグループはシャンデリアストップとヨーヨーストップで、パフォーマンスは最低だった。

　この３段階のパフォーマンス（良い、平均的、劣る）は、これまで試したすべての手仕舞い法にも当てはまる（**図75**）。

　結果をまとめておこう。

図74　複雑な手仕舞いの結果

手仕舞い	口座リターン		手仕舞い	利益2.5万ドル超
ドテン	-7.9		ドテン	3528
ブレイクイーブンストップ	-11.8		ブレイクイーブンストップ	3084
トレーリングストップ	-24.1		トレーリングストップ	2196
パラボリックストップ	-26.0		パラボリックストップ	2187
シャンデリアストップ	-41.8		シャンデリアストップ	1404
ヨーヨーストップ	-41.9		ヨーヨーストップ	1360
平均	-25.6		合計	13759

図75　複雑な手仕舞いをした口座リターン

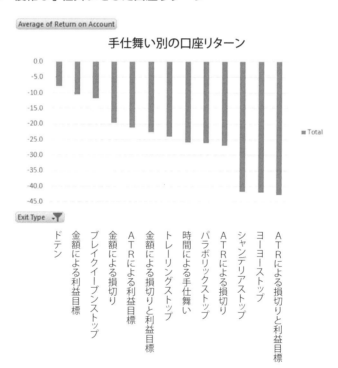

●やはりドテンが最良だった。

●ブレイクイーブンストップもドテンと同じくらい良い。

　この結果は、セクター（ドテンとブレイクイーブンが常にトップ2だった）、時間枠、仕掛け法などの項目で見ても同じだった。つまり、この結果と結論はかなり一貫している。

　もう1つ、興味深い点として、少額のブレイクイーブンストップ（500～1000ドル）のほうが結果が良い傾向があった。それでも、全体として見れば、やはりドテンのほうが優れていた。

アルゴトレードのチートコード

●まずドテン、次にブレイクイーブンストップを試す。

　ここまでの検証では、すべての手仕舞い法が何らかの形で仕掛けのシグナルに基づいていた。つまり、これまで試した手仕舞い法は、金額やATRだけでなく、仕掛けた価格や足に基づいて実際の水準が決まっていた。

　それでは、仕掛けとまったく関係のない手仕舞い法はどうだろうか。言い換えれば、手仕舞う水準を独自に算出する方法だ。それでドテンを超えられるだろうか。次のパート4ではそれを見ていく。

パート4　テクニカル指標に基づいた2つの手仕舞い法

　これまで試してきた手仕舞いは、ドテンとヨーヨーを除いて、何らかの形で仕掛け価格と関連していた。例えば、ブレイクイーブンストップは仕掛け価格で手仕舞うし、損益もその水準に基づいている。金

額やATRによる損切りや目標値も同じだ。パラボリックストップや
シャンデリアストップも、プライスアクションを組み入れているとは
いえ、仕掛けたときの状況に基づいている。

　しかし、手仕舞いの最適なタイミングは、仕掛けとは関係ないのか
もしれない。もしかすると、良い手仕舞いは価格自体を分析して、単
純なテクニカル水準や指標などに基づいて決めるべきなのかもしれな
い。例えば、多くのトレーダーが支持線や抵抗線を使って手仕舞って
いる。

　もちろん、手仕舞いにテクニカル指標を使うと無限の手仕舞い法が
出てくる。あらゆる仕掛けがそのまま手仕舞いになるのだ。

　このアイデアは、2017年のある週末にオハイオ州クリーブランドで
開いた上級トレーダー向けの集まりで得た。このとき、グループ活動
として仕掛けと手仕舞いの方法を作るなかで発見したことの1つが、
「仕掛けを手仕舞いに使う」とかなりうまく機能するということだった。
このほうが、一般的な手仕舞いや利益目標タイプの手仕舞いよりも良
い結果になることが多かったのだ。

　上級トレーダーたちが発見したことに基づいて、ここではテクニカ
ル指標やプライスアクションに基づいた2つの単純かつ人気があり、
たいていは効果的な手仕舞いを検証していく。

チャネルストップ

　価格が直近のX本の足の最安値に達したら、次の足で買いポジショ
ンを手仕舞う。空売りはその逆。

移動平均線ストップ

　終値がX期間移動平均線を下抜いたら、買いポジションを手仕舞う。
空売りはその逆。

図76　標準的なテクニカル指標を手仕舞いに使ったときの結果

手仕舞い	⬆T	口座リターン
ドテン		-7.9
チャネルストップ		-36.1
移動平均線ストップ		-44.7
平均		-29.5

　私はこの２つの「仕掛けを手仕舞いに使う」ことにした。これらはかなり一般的で、簡単に導入できるからだ。もちろん、これはほんの第一歩にすぎない。あとは読者がこの概念を掘り下げていってほしい。

　図76はひどい結果になった。

　これらのストップはドテンにはるかに及ばなかった。詳細を挙げても退屈なだけなので、ここでやめておく。チャネルストップと移動平均線ストップは、少なくとも私の検証方法では、良くなった。

　15の手仕舞い法による口座リターンと2.5万ドル超のケースの数を図77で紹介しておく。

　ここまでは興味深い試みだったが、少し失望もした。きっと何かドテンを上回るものが見つかると思っていたからだ。しかし、まだ見つかっていない。

　もしかすると、これは偶然の結果で、戦略は単純に徹するべきだというお告げかもしれないし、あなたの検証結果は違うのかもしれない。

アルゴトレードのチートコード

●仕掛けや現在のポジションの損益とは関係のないテクニカル指標に基づいた手仕舞い法は、検証する価値がある。

図77　標準的なテクニカル指標を手仕舞いに使う

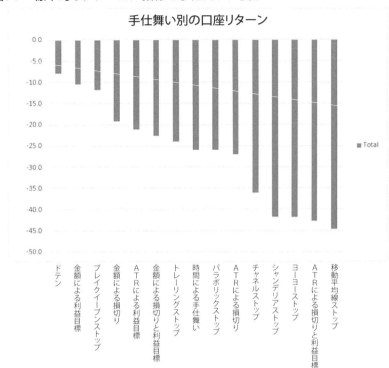

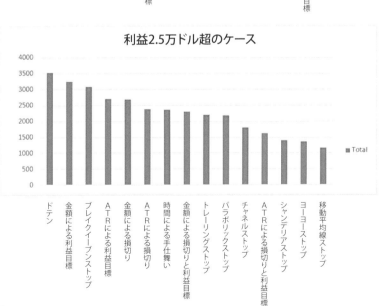

私が本章で試した2つはドテンを超えることはできなかったが、ほか
を試してみてほしい。

第 9 章

リワード・リスクの研究

Reward to Risk Study

「最適」なリワード・リスク・レシオはあるのか

インターネットは、まったく見ず知らずの人と議論できる素晴らしい場所……なのだろうか。私はこれがあまり好きではない。衝突は避けるようにしていても、過去には言い争いのようになってしまったことが何度かあったからだ。こうなると、たいていはだれの得にもならない。そこで、最近ではそうならないように極力避けるようにしている。

ところが先日、トレード系のフォーラムで、「最高のリワード・リスク」という刺激的なスレッドを見て、自分の過去のインターネット上の議論（もちろん私がすべて論破した！笑）を思い出した。

私はこのタイトルを見た途端、「戦闘」モードに入った。私の経験から言えば、リワード・リスクでもリスク・リワードでも最高の比率などないからだ。あるのは、特定の市場や戦略にとっての最適な比率なのである。

本書から得ることが何かしらあるとすれば、それは必ず検証するということだ。トレードで何が最良かを他人（私も含めて）に聞いてはならない。そうではなく、「聞いて信じても、必ず検証」してほしい。つまり、私が言うことに賛同し、私が良い人間だと思い、私のトレー

ド経験に価値を見いだしたとしても、私が言ったことを必ず自分で検証するということだ。

　自信を持ってトレードしたいならば、自分で検証し、確認すること以上のことはない。

　トレードフォーラムのスレッドに話を戻そう。

　投稿者は、リワード・リスク・レシオを３〜４対１にするのが最良だと結論付けていた。つまり、損切りを1000ドルにするのならば、利益目標は3000〜4000ドルにすべきだというのだ。彼の主張は、非常によく考えられた研究の裏付けもあった。ただ、私が問題視したのは、彼が実際の市場データではなくシミュレーションのデータを使っていたことだった。

　私は、自分の経験から見て、彼の結論を疑問視していた。そこで、いつものように自分で試してみることにした。本章では、この疑問に答えていこうと思う。

　「ランダムに仕掛けて、ATR（真の値幅の平均）のX倍の利益目標か、ATRのY倍の損切りで手仕舞うときに、最高のリワード・リスク・レシオはあるのだろうか」

研究の設定

　私は、ランダムに仕掛けて損切りと利益目標を置く設定で、次の７つの先物市場の10年分（2011〜2021年）の日足データを使って調べることにした。

原油（CL、エネルギー）
綿花（CT、ソフト）
ユーロ（EC、通貨）
ミニS&P500指数（ES、株価指数）

金（GC、貴金属）

米10年物国債先物（TY、金利）

大豆（S、農産物）

　これは市場の良いサンプルだと思う。時間枠に関しては、日足を使うことにした。それよりも短いと、スリッページと手数料（外すわけにはいかない）の影響が大きくなりすぎるからだ。

　最初に言っておくが、銘柄が違えば結果も変わるだろうし、時間枠を変えても、やはり結果は変わるだろう。今回使ったトレードステーションのイージーランゲージコードを提供するので、読者も必要に応じて自分の戦略を比較的簡単にカスタマイズしてほしい。

疑似コード

　もしポジションを保有していなければ（マルの状態）、次の足（翌日）で仕掛けるかどうかをコイン投げで決める。表ならば次の足の寄り付きで仕掛け、裏ならばマルのままにしておく。

　その翌日に仕掛ける場合は、再びコインを投げる。表ならば買い、裏ならば空売りを仕掛ける。

　もちろん、ランダムに仕掛ける割合を変えてもよい。50%・50%のコインに限らず、好きなものを使ってほしい。

　仕掛けたあとは、損切りと利益目標を置く。どちらも15期間のATRに調整可能な値を掛けて決める。利益目標は、価格が1ティック上回ったら達したこととする。不正確なタッチフィルでは執行しない。

　そして、検証期間の最後には保有中のすべてのポジションを手仕舞う。

イージーランゲージコード

Strategy: KJD2021-02 ExitRandom 01
Workspace: 2020-02 Random

```
input:
outputfile("C:\Users\Trader\Documents\Futures\FinalTYfast.txt"),iter(1),PT(2),
SL(4),percentlong(.500),oddstradetoday(.5);
var:posstradetoday(0),NProf(0),NLoss(0),markpos(0),FFAOK(True);


posstradetoday=random(1); //random number for today's trade


If posstradetoday<=oddstradetoday and marketposition=0 then begin
//trade will occur today


//enter trade
If random(1)<percentlong then buy next bar at open
Else sellshort next bar at open;


end;


setStopLoss(SL*AvgTrueRange(15)*BigPointValue);
setProfitTarget(PT*AvgTrueRange(15)*BigPointValue);


If LastBarOnChart then begin
Sell this bar at close;
BuyToCover this bar at close;
End;
```

```
//print out statistics to file (could modify to print to print log)
//IMPORTANT: Use compatibility mode for FastFileAppend


if LastBaronChart and GetAppInfo( aiOptimizing ) = 1 then
begin
  FFAOK = FastFileAppend( OutPutFile, NumToStr( PT, 1 ) + "," + NumToStr(
SL, 1 ) + "," + NumToStr( NetProfit, 2 ) + ","
  + NumToStr( 100*NumWinTrades/TotalTrades, 2 ) + ","+ NumToStr( TotalTrades,
2)+ ","+ NumToStr( NetProfit/(TotalTrades+.000001),2 )+ ","
  +NumToStr( -5-((-.125*(100*NumWinTrades/TotalTrades))+25), 3 )+ ","
  +NumToStr((NetProfit/(TotalTrades+.000001))-5-((-.125*(100*NumWinTrades/
TotalTrades))+25), 3 )+ ","
  +NumToStr(TotalTrades*((NetProfit/(TotalTrades+.000001))-5-((-
.125*(100*NumWinTrades/TotalTrades))+25)), 3 )+ ","
  +NumToStr( PT/SL, 3 )
  + newLine ) ;
end ;
```

　データを十分得るために、私は損切り（SL）と目標利益（PT）の
すべての組み合わせを5000回ずつ試行した。変数の数は、0.5〜7.0（0.5
刻み）で、同じことを損切りについても行った。
　すべて合わせると、市場ごとに98万回のランダムなバックテストを
行い、合計すると686万回となった。

iters ＝ 1 〜5000
PT ＝0.5〜 7　（0.5刻み）
SL ＝0.5〜 7　（0.5刻み）

私が選んだPTとSLの値で計算したところ、さまざまな組み合わせから得られたリワード・リスク・レシオは0.071〜14.0となり、これには幅広い検証が必要だった。PTやSLの値が小さい場合は、必ずルック・インサイド・バー・バックテスティングで正確な結果を確認した。

　ちなみに、私はリワード・リスク・レシオに関して「イラっとする」ことがある。理由は、多くのトレーダー（多くは新人トレーダー）が「リスク・リワード・レシオを3にしたい。そうすれば、勝ちは3ドル、負けは1ドルになるからだ」などと言っているからだ。

　しかし、それはまったく逆だ。その場合のリスク・リワードは1対3になる。そのため、私は混乱を来さないようにリワード・リスク（またはRe・Ri）と表記している。リワードを前にして「リワード・リスク」と言うべきなのだ。

結果——サニティチェック

　私は大規模な研究をするとき、どこかで失敗して誤解を招く結果になることをいつも心配している。そのため、可能なときは「サニティチェック」（健全性テスト）をかけて、出てきた結果が理にかなっているかどうかを確認している。

　もし本当にランダムな仕掛けを行っているならば、スリッページと手数料なしでリワード・リスクが1のとき、勝率は50％になるはずだ。もしリワード・リスク・レシオが3対1ならば、勝率は25％、逆にリワード・リスクが0.333ならば、75％の勝率ということになる。

　図78の結果を見ると（しつこいようだがスリッページと手数料なし）、ランダムなシミュレーションと同じ結果になった。つまり、「サニティチェック」は合格だ。

図78　リワード・リスクに関するリサーチのサニティチェック

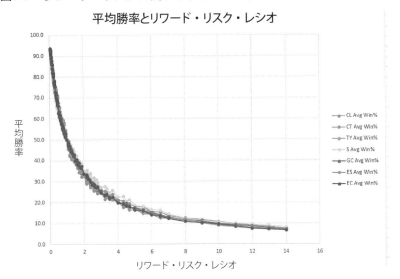

平均勝率とリワード・リスク・レシオ

図79　ミニS&P500のリワード・リスク

平均損益（スリッページと手数料込み）

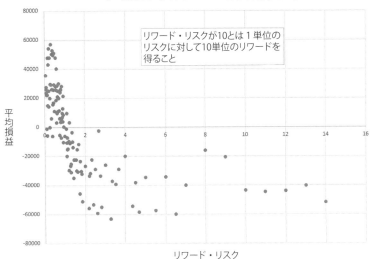

ミニS&P500指数の詳細な結果

次に、ESにスリッページと手数料を加えた結果が**図79**である。

これは面白い結果になった。ここでは、利益目標を小さくして損切りを大きくするのが最良になったのだ。実際、最良の利益目標はATRの1.0倍で、最良の損切りはATRの7.0倍だった。これは「常識」的な最良のリワード・リスクである3とはかけ離れている。

次に、GC（金）とTY（米10年物国債先物）とCT（綿花）とEC（ユーロ）の結果を見て行こう。これらのリワード・リスクはほとんど変わらなかったため、まとめて紹介する。どれも、最良のリスク・リワードは1を下回っていた。

ここでも98万回のバックテストで、最良のリワード・リスク・レシオは1.0を下回っていた（**図81**）。

図80　ミニS&P500のリワード・リスク・レシオ

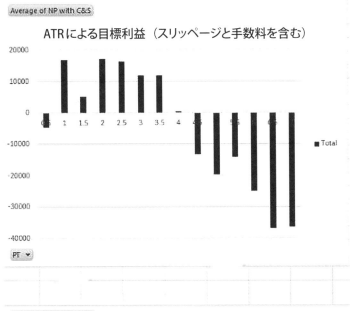

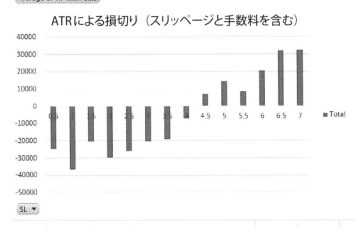

図81　金のリワード・リスク

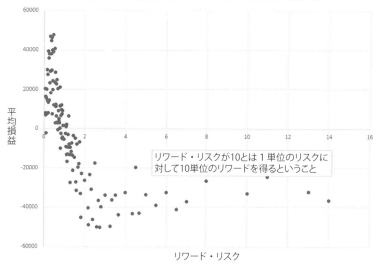

金の平均損益（スリッページと手数料を含む）

リワード・リスクが10とは 1 単位のリスクに
対して10単位のリワードを得るということ

図82　金のリワード・リスク・レシオ

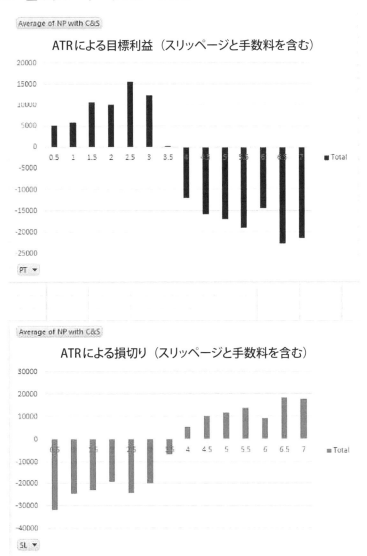

図83a　米10年物国債先物のリワード・リスク・レシオ

米10年物国債先物の平均損益（スリッページと手数料を含む）

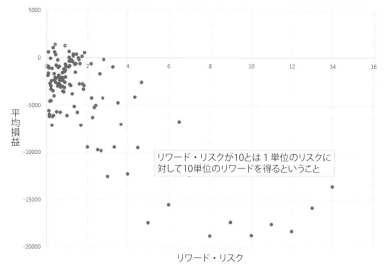

リワード・リスクが10とは１単位のリスクに
対して10単位のリワードを得るということ

図83b　米10年物国債先物のリワード・リスク・レシオ

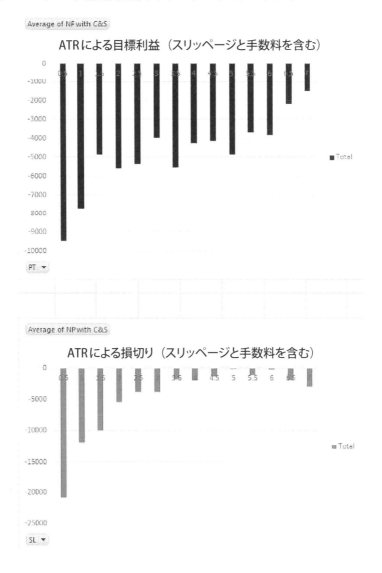

図84a　綿花のリワード・リスク・レシオ

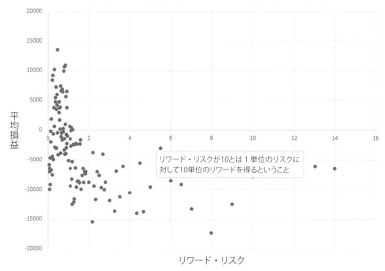

綿花の平均損益（スリッページと手数料を含む）

リワード・リスクが10とは 1 単位のリスクに対して10単位のリワードを得るということ

図84b　綿花のリワード・リスク・レシオ

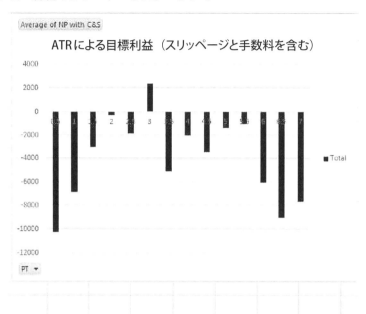

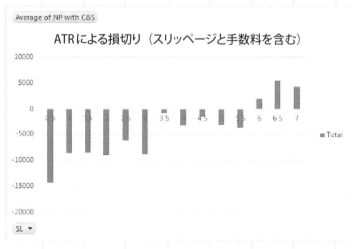

図85a　ユーロのリワード・リスク・レシオ

ユーロの平均損益（スリッページと手数料を含む）

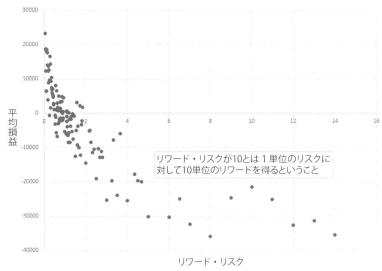

リワード・リスクが10とは１単位のリスクに
対して10単位のリワードを得るということ

平均損益

リワード・リスク

図85b　ユーロのリワード・リスク・レシオ

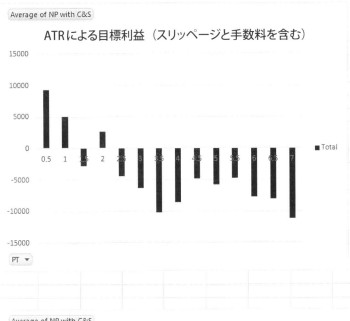

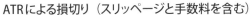

図86a　大豆のリワード・リスク・レシオ

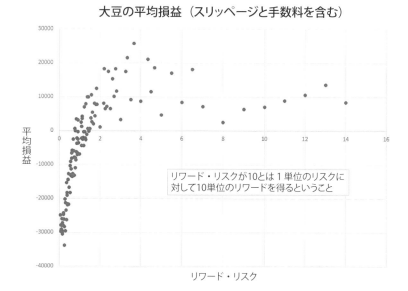

大豆の平均損益（スリッページと手数料を含む）

リワード・リスクが10とは１単位のリスクに対して10単位のリワードを得るということ

大豆と原油の詳細な結果

　これまでランダムな仕掛けを５銘柄で検証してきたが、すべてリワード・リスク・レシオの最適値は１を下回っていた。これは明らかに私が期待した答えではなかったが、何回も言っているように（言いすぎかもしれない）、「どんなことでも自分で検証する必要がある」。ちなみに、ここでやめて「リワード・リスク・レシオは１を下回るのが最適」と結論付けることもできる。しかし、なぜここでやめるのだろうか。

　次に、これまでの分析を台無しにするＳ（大豆）の**図86**とCL（原油）の**図87**を見せよう。２つの図はリワード・リスク・レシオの最適値が３〜４になっている。つまり、上の５銘柄とはまったく違う結果になったのだ。

図86b　大豆のリワード・リスク・レシオ

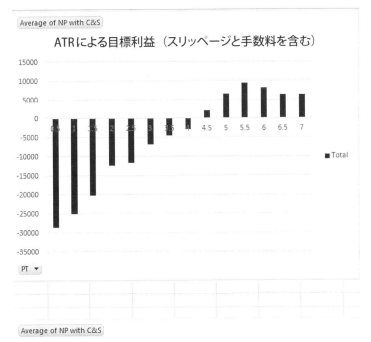

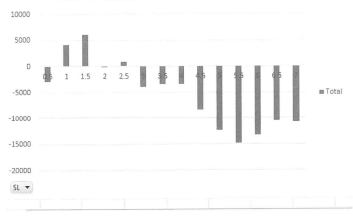

図87a　原油のリワード・リスク・レシオ

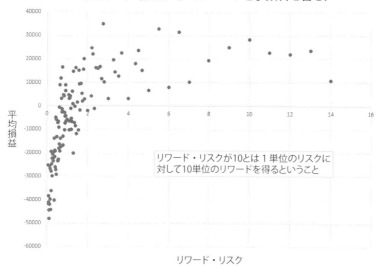

原油の平均損益（スリッページと手数料を含む）

平均損益

リワード・リスクが10とは１単位のリスクに
対して10単位のリワードを得るということ

リワード・リスク

まとめ

　最良のリワード・リスク・レシオは、今回私が試したほとんどの銘柄において１をかなり下回っていたが、２銘柄については３〜４だった。市場の格言というのはそんなものだ。

　ただし、今回は日足について調べた結果だということは覚えておいてほしい。時間枠を変えればまったく違う結果になる可能性もある。

アルゴトレードのチートコード

●すべての状況で最適なリワード・リスク・レシオなど存在しない。

●戦略に利益目標と損切りを組み込むときは、リワード・リスク・レシオを設定するために、まずはランダムな仕掛けを試してみること

図87b　原油のリワード・リスク・レシオ

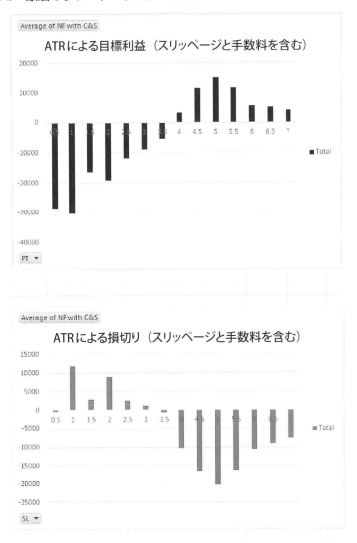

市場	最良のリワード・リスク	最良の利益目標（ATRの倍率）	最良の損切り（ATRの倍率）	最良の比率での勝率
ES	0.3	2	7	89.4%
GC	0.5	2.5	6.5	78.1%
TY	0.4	7（損失）	5（損失）	48.6%
CT	0.5	3	6.5	31.6%
EC	0.1	0.5	7	78.9%
S	3.7	5.5	1.5	79.0%
CL	2.75	5	1	69.1%

を勧める。

●利益目標と損切りを近くに置いたときは（同じ足のなかで達するくらいの近さ）、使用しているソフトが提供している分析ツール（例えば、ルック・インサイド・バー・バックテスティングやバー・マグニファイヤーなど）で確認する。それをしなければ、正確な結果にはなっていないかもしれない。

●今回の研究は、ランダムな仕掛け戦略でも利益が上がるかもしれないことを示している。上の最良のリワード・リスクの表を見ると、ESをランダムに仕掛ける戦略で損切りをATRの2倍、利益目標をATRの7倍にした場合、勝率が89.4％もある。この設定を勧めているわけではないが、考えてみる価値はある。

第 10 章

利益や損失の足が何本で手仕舞うのがよいかの研究

Profitable Closes Study

利益の足がX本になったら手仕舞うというのは良い方法なのか

　私は第9章の研究を続行して、利益の足がある本数になったあとや、損失の足がある本数になったあとに、手仕舞うことにメリットはあるかどうかを調べることにした。

　この方法は、伝説のトレーダーであるラリー・ウィリアムズが考案した概念に基づいている。彼がよく最初に利が乗った足の次の足の寄り付きで手仕舞うという方法（ベイルアウト）を用いていたことはよく知られている。

　私はこの研究をさらに発展させて、手仕舞うまでの利益の足の本数を1〜10本に変えて検証し、同じことを損失の足の本数についても検証をした。

　ちなみに、これは、利が乗った足が連続しているという意味ではないし、利益が増えているということでもない。例えば、利益になった次の足（2本目の足）のあとに手仕舞いたい場合、1本目の足は100ドルの利が乗り、2本目の足は1本目から見ると5ドルの損失が出ていたとしても、トレードは2本目の足までに95ドルの利益が出ているので手仕舞う。

ほかにも次のような展開が考えられる。ぜひあなた自身で試してみてほしい。

●利益になった連続X本の足
●1本の足ごとに利益が増えていくX本の足
●1本の足ごとに利益が増えていく連続X本の足

この研究の目的はランダムに仕掛けて、利益になった足がトータルで何本になれば手仕舞えばよいのか、また損失になった足がトータルで何本になれば手仕舞えばよいのか、その場合、足の「最良」の本数があるかどうかを見つけることにある。

研究の設定

私は、ランダムに仕掛けて損切りと利益目標を置く方法を、10年分（2011〜2021年）の日足データを用いて7銘柄で調べた。

原油（CL、エネルギー）
綿花（CT、ソフト）
ユーロ（EC、通貨）
ミニS&P500指数（ES、株価指数）
金（GC、貴金属）
米10年物国債先物（TY、金利）
大豆（S、農産物）

銘柄が変われば結果も変わる可能性があるし（おそらくそうなるだろう）、時間枠が変わっても結果は変わるだろう。本書ではトレードステーションのイージーランゲージコードですべてのコードを提供し

ているので、この戦略を読者の必要に応じてカスタマイズしてほしい。

疑似コード

　もし保有中のポジションがなければ（マルの状態）、次の足で仕掛けるかどうかをコイン投げで決める。表ならば次の足の寄り付きで仕掛け、裏ならばマルのままにしておく。

　その翌日に仕掛ける場合は、再びコインを投げる。表ならば買い、裏ならば空売りを仕掛ける。

　もちろん、ランダムに仕掛ける割合を変えてもよい。50％・50％のコインに限らず、好きなものを使ってもよい。

　仕掛けたあとは、損切りと利益目標を置く。終値の時点で利益が出ている足がトータルである本数になったあとか、損失が出ている足がトータルである本数になったあとで手仕舞うとき、その本数に異なる値を入れて検証していく。

　そして、検証期間の最後にはすべての保有中のポジションを手仕舞う。

イージーランゲージコード

```
input:        OutPutFile("C:\Users\Trader\Documents\Futures\NProfES.txt"),
iter(1),NNProf(2),NNLoss(4),percentlong(.500),oddstradetoday(.5);
  var:posstradetoday(0),NProf(0),NLoss(0),markpos(0) ,FFAOK(True);

  posstradetoday=random(1); //random number for today's trade

  If posstradetoday<=oddstradetoday and marketposition=0 then begin //
trade will occur today
```

```
//enter trade
If random(1)<percentlong then buy next bar at open
Else sellshort next bar at open;
NProf=0;
NLoss=0;
end;


markpos=marketposition;


//exit after NProf profitable closes, or NLoss losing closes
If  marketposition=1  and  markpos[1]=1  and  openpositionprofit>0  then
NProf=NProf+1;
If  marketposition=1  and  markpos[1]=1  and  openpositionprofit<0  then
NLoss=NLoss+1;


If  marketposition=-1  and  markpos[1]=-1  and  openpositionprofit>0  then
NProf=NProf+1;
If  marketposition=-1  and  markpos[1]=-1  and  openpositionprofit<0  then
NLoss=NLoss+1;


If (NProf>=NNProf or NLoss>=NNLoss) and marketposition=1 then sell next
bar at market;
If (NProf>=NNProf or NLoss>=NNLoss) and marketposition=-1 then buytocover
next bar at market;


If marketposition=0 then begin
NProf=0;
NLoss=0;
```

```
End;


If LastBarOnChart then begin
Sell this bar at close;
BuyToCover this bar at close;
End;


//print(date," ",marketposition," ",NProf," ",NLoss);
var:FFAOK(True);


//IMPORTANT: Use compatibility mode for FastFileAppend

   if LastBaronChart and GetAppInfo( aiOptimizing ) = 1 then
begin
   FFAOK = FastFileAppend( OutputFile, NumToStr( NNProf, 1 ) + "," + NumToStr(
NNLoss, 1 ) + "," + NumToStr( NetProfit, 2 ) + ","
   + NumToStr( 100*NumWinTrades/TotalTrades, 2 ) + ","+ NumToStr( TotalTrades,
2)+ ","+ NumToStr( NetProfit/(TotalTrades+.000001),2 )+ ","

   +NumToStr( (NetProfit/(TotalTrades+.000001))-25, 3 )+ ","
   +NumToStr( TotalTrades*((NetProfit/(TotalTrades+.000001))-25), 3 )+ ","
   +NumToStr( NNProf/NNLoss, 2 )
   + newLine ) ;
end ;
```

　今回の研究では、各シミュレーションを5000回行う。このなかで、NProf（利益になった足の本数）とNLoss（損失になった足の本数）を１～10の10通りで試していく。

つまり、市場ごとに50万回、7つの市場で350万回のバックテスト
を行うことになる。

反復回数＝1～5000
NProf＝1～10
NLoss＝1～10
検証する7銘柄（日足）　ES、S、GC、CT、TY、CL、EC
期間　2011～2021年

結果

いつものように、スリッページと手数料を含めた結果を見ていく。
多くの人が（例えば、詐欺師に近いトレード講師）がスリッページは
大したことではないと言っていることに、私はいつも驚いている。彼
らは大いに間違っている。

スリッページについては次のように考えてほしい。仕掛けてすぐに
手仕舞えば、損失はいくらになるだろうか。おそらく最低1ティック
と手数料を失うことになる。

例えば、ES（ミニS&P500指数先物）の買い気配値が3930.00、売
り気配値が3930.25で、直近の価格が3930.25だとしよう。もし「成り
行き」で買えば、売り気配値の3930.25ドルを支払うことになる。そ
して、すぐに手仕舞えば、3930.00ドルを受け取る。つまり、このト
レードには0.25ポイント（1ティック）のコストがかかっている。

もしこの戦略のバックテストを行うならば、仕掛けと手仕舞いに同
じ価格が示されると思うが、その結果と実際の口座残高との違いを私
はスリッページと呼んでおり、これは必ずかかる。これが市場でトレ
ードするためにかかるコストなのである。

ES（ミニS&P500指数先物）の場合、ランダムな仕掛けとNProfと

図88a　ミニS&P500のNProf/NLossの結果

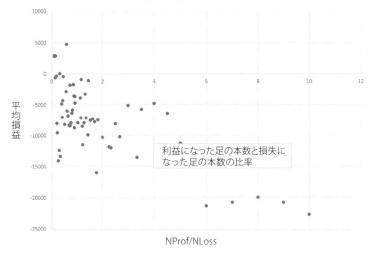

NLossのアプローチはあまり利益が出ず、前述の利益目標と損切りの
アプローチよりもかなり低かった（**図88**）。

　ちなみに、この銘柄でも以前の研究と同様に、小さな利益と大きな
損失の組み合わせが最良だった。

図88b　ミニS&P500のNProf/NLossの結果

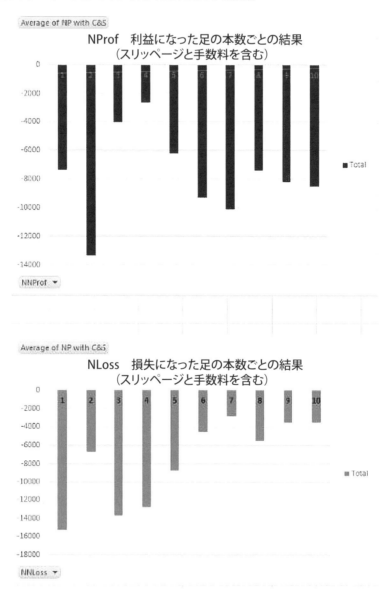

図89a　金のNProf/NLossの結果

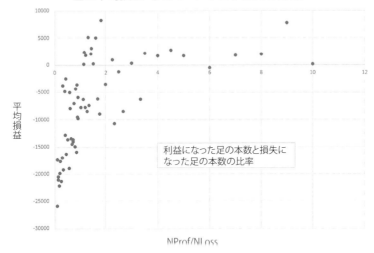

次に、GC（金）の結果を**図89**で示した。GCのNProf/NLossのピークは2.0近くで、これは利益の足がトータルで２本になったあとの足、損失の足が１本になったあとの足で手仕舞うのが理想的だということを示している。ただ、NProfとNLossを別々に見ると、NProf＝９とNLoss＝１が最良だった。

図89b　金のNProf/NLossの結果

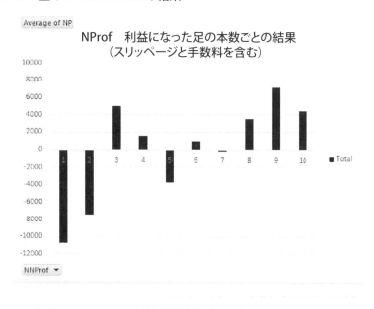

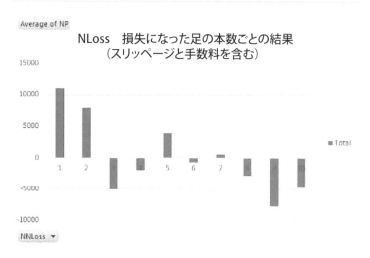

図90a　米10年物国債先物のNProf/NLossの結果

米10年物国債先物の平均損益（スリッページと手数料を含む）

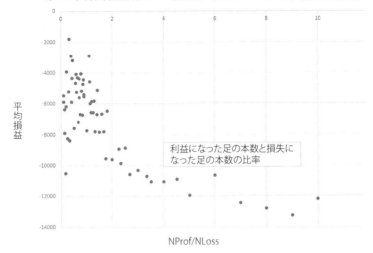

TY（米国債10年物）は、何をやっても利益が出なかった（**図90**）。最もマシだったのは（それでもマイナスだが）、NProfが小さくてNLossが大きいときだった。

図90b　米10年物国債先物のNProf/NLossの結果

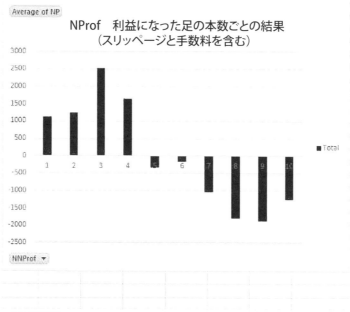

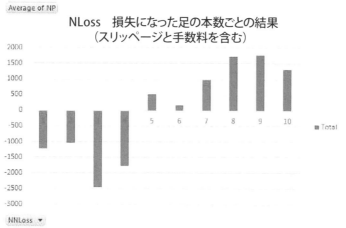

図91a　綿花のNProf/NLossの結果

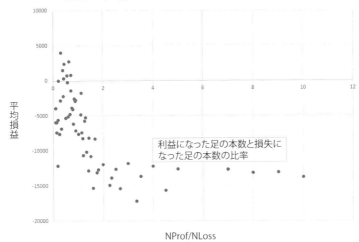

綿花の平均損益（スリッページと手数料を含む）

平均損益

利益になった足の本数と損失になった足の本数の比率

NProf/NLoss

　CT（綿花）の**図91**の結果とEC（ユーロ）の**図92**の結果も米国債10年物と似ていたが、若干利益が多かった（たまに全体として利益が出ることもあった）。ここでも、損失の足の本数よりも利益になった足の本数が少ないほうがうまく機能した。

図91b　綿花のNProf/NLossの結果

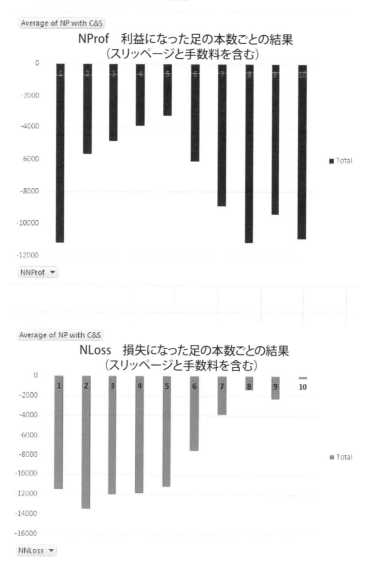

214

図92a ユーロのNProf/NLossの結果

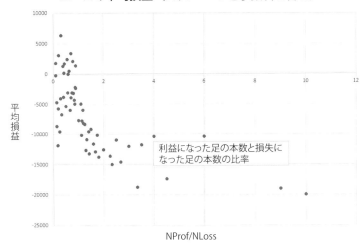

ユーロの平均損益（スリッページと手数料を含む）

利益になった足の本数と損失に
なった足の本数の比率

平均損益

NProf/NLoss

図92b　ユーロのNProf/NLossの結果

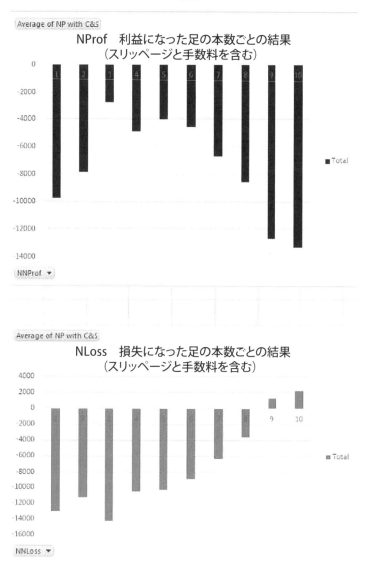

図93a　大豆のNProf/NLossの結果

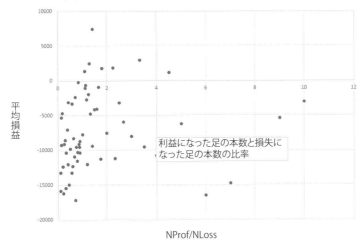

大豆の平均損益（スリッページと手数料を含む）

平均損益

NProf/NLoss

　私が最後に試した2つの市場は、**図93**のS（大豆）と**図94**のCL（原油）で、これらはおおむねNProfは多め、NLossは少なめが良かった。特に、原油はこの傾向が強かった。

図93b　大豆のNProf/NLossの結果

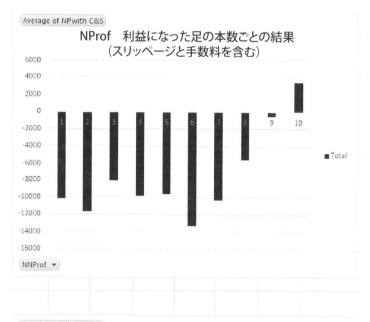

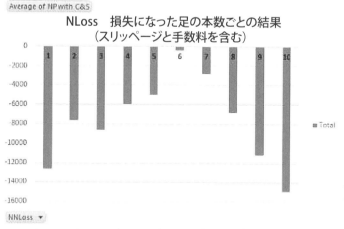

図94a　原油のNProf/NLossの結果

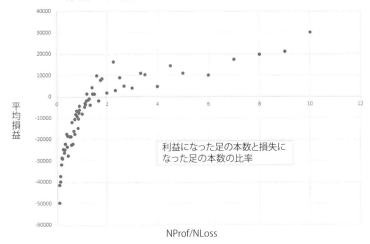

原油の平均損益（スリッページと手数料を含む）

利益になった足の本数と損失に
なった足の本数の比率

NProf/NLoss

図94b　原油のNProf/NLossの結果

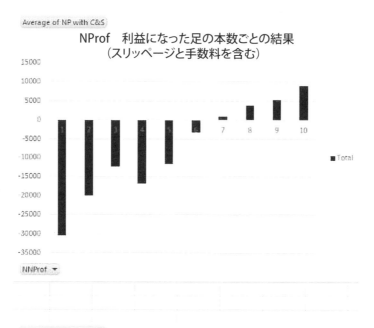

市場	NProf/NLossの最良の比率	最良のNProf	最良のNLoss	最良のNProf/NLossの勝率
ES	0.57	4 （損失）	7 （損失）	53.3%
GC	1.8	9	1	54.8%
TY	0.3	3	9	44.2%
CT	0.3	5 （損失）	10 （損失）	53.3%
EC	0.3	3 （損失）	10	57.3%
S	1.43	10	6 （損失）	61.5%
CL	10	10	1	72.5%

まとめ

　上の表を見ると、ほとんどの市場においてNProf（利益になった足のトータルでの本数）が少なめで、NLoss（損失になった足のトータルでの本数）が多めのほうが明らかに良かった。例外は金と原油と大豆で、逆（NProfが多めで、NLossが少なめ）が良かった。

アルゴトレードのチートコード

● 手仕舞いのタイミングを決める利益になった足のトータルでの本数（NProf）にも、損失になった足のトータルでの本数（NLoss）にも、万能な最適値はないし、２つの数の最適な比率もない。
● もしこのNProf・NLossのアプローチを自分の戦略に使ってみたいときは、私がしたように最初にランダムな仕掛けを試して適切な変数を調べるとよい。
● 今回は、ラリー・ウィリアムズが行った「ベイルアウト（最初に利が乗った足）」で手仕舞う方法自体は調べていない。もしかすると、NProfと損切りやドテンを組み合わせることで良い結果を得られるかもしれない。

●ランダムな仕掛けを使った今回の戦略は、CL（原油）以外は利益が出なかった。ちなみに、CLの場合はNProf＝10とNLoss＝1ならば、70％超のケースで利益が出た。「勝ちトレードは伸ばし、負けトレードは切れ」という格言は原油市場ではうまく機能するが、ほかの市場ではあきらめたほうがよいのかもしれない。

結論
Conclusion

　アルゴトレードが難しいということは間違いない。しかし、それはほかのタイプのトレードにも言える。アルゴリズムトレードには袋小路がたくさんあり、戦略の開発者たちはほとんどの時間を無益なアイデアの追求に浪費している。

　本書で詳しく紹介したチートコード（検証時間短縮のためのヒント）を一部でも使えば、最良のアイデアや概念に集中することができ、戦略の開発時間を大幅に短縮できる。

　これまで紹介した57のチートコードをまとめておこう。

第1章　アルゴトレードは以前よりも難しくなっているのか

●実際の資金を使ってリアルタイムでうまく機能した実績がある戦略開発のプロセスを使う。

●戦略に独自の要素を取り入れる（例えば、時間枠を変えてみる）。

●今の成果に満足しない――トレードを継続的に改善していく。

●戦略はいずれ機能しなくなることを理解し、すぐに新しい戦略に置き換えられるよう準備しておく。

第2章　フルタイムのアルゴトレード

● みんなが夢見るフルタイムトレーダーの生活と現実には大きな違いがあることに気づく。
● フルタイムのトレーダーになる前に、必ずパートタイムで利益を上げられるようになっておく。
● 個人的な資産や資産曲線を安定させるために、トレード以外のトレードにかかわる活動（例えば、シグナルを売る）も検討する。

第3章　アルゴトレードに関する15のヒント

● 損切り注文は置かない
● 複数の市場で機能するのか
● さまざまな時間枠を試す
● トレードコストを必ず考慮する
● 検証することはたくさんある
● 成功する保証はない
● リスクを軽視しない
● さらなる最適化がさらなる改善にはならない
● パターンや一般的な発見が戦略のすべてではない
● アウトオブサンプルテストも忘れずに
● 何百回も繰り返すのは良くない
● 指標もパターンもうまく機能するときがある
● 手仕舞いも重要
● 心理も重要
● トレードで保証されていることは何もない

第4章　時間枠に関する研究

● スリッページと手数料は、短い時間枠でトレードするときのキラー因子になる。
● 今回の研究で、短い時間枠でトレードしたければ、トレードコストを下げることに注力すべきことが分かった。その方法は2つしかない。
　① できるときは指値で注文する（ただし、そのデメリットがバックテストや実際のトレードで確認されていることも知っておく。例えばタッチフィル［その価格で売買がわずかだけ成立すること］など）。
　② トレード数を減らす。今回の検証は「常にトレードする」方法だったが、時間枠が短い場合はトレードを厳選するほうが良いだろう。
● 長い時間枠のブレイクアウト戦略は、スリッページと手数料がかかったとしても利益率が高くなる場合もある。ただ、リスク調整に基づいたものでは、さほど素晴らしくはないのかもしれない。
● 繰り返しになるが、私の研究はあくまで出発点であり、ここから独自の手法を見つけてほしい。例えば、もし私が新しい戦略を開発するとしたら、長い時間枠に注目する。

第5章　平均回帰に関する研究

● 平均回帰戦略はぜひ検証する価値がある。
● 単独で使った場合にリターンが高かった平均回帰戦略。
　戦略2　単純なコナーズRSI
　戦略3　ボリンジャーバンドストレッチ
　戦略4　移動平均線ストレッチ

戦略6　連続するＮ本の上昇足・下落足

戦略7　逆ブレイクアウト

●平均回帰戦略は「組み合わせる」とより強力になるが、トレード数が減りすぎないよう注意が必要。

（戦略2）AND（戦略3）AND（戦略4）

（戦略2）AND（戦略3）AND（戦略4）AND（戦略7）

（戦略2）AND（戦略4）AND（戦略7）

（戦略2）AND（戦略4）

（戦略2）AND（戦略3）AND（戦略4）AND（戦略6）AND（戦略7）

●平均回帰戦略をORで組み合わせても全体のパフォーマンスは向上しない。

●平均回帰戦略を時間によって手仕舞うと、パフォーマンスが下がった（少なくとも足7本後の手仕舞いは）。

●平均回帰戦略を「クイックエグジット」すると、パフォーマンスが下がった。

●平均回帰戦略を使うと、金利、株価指数、エネルギーなどのセクターでパフォーマンスが高かった。

●平均回帰戦略を使うと、農産物とソフトのパフォーマンスがかなり低かった。

●毎回言っているが、自分ですべてを検証し、確認する。

第6章　戦略をリスクから守るテクニック

●アルゴトレードシステムのリスクを下げる4つのアイデア。

①1日の損失の限度額を決める

②負けトレードのあとは少し待つ

③週末はトレードしない

④ボラティリティが高いは休止する

●4つのアイデアは目的に応じて単独か、組み合わせて使うことができる。

●これらが利益を改善することは期待しない。ただ、リスク調整済みリターンは改善するかもしれない。

●これらのテクニックは心理的な支えになり、そのことだけでも使う理由になる。

●戦略にこれらのテクニックを組み込むときは、次のことを覚えておいてほしい。

① 検証する前に戦略に組み込む。すでに出来上がったシステムに組み込むと、パフォーマンスが改善した場合しか採用しない可能性が高く、それは一種の最適化と言える。

② 戦略は適切に検証し、構築する。そのための理想的な手順が「ストラテジーファクトリー®」プロセス。

③ 最適化は最小限にする。パラメーターは、最適化によって最良の結果が出た値ではなく、自分が最も使いやすい値を選ぶ。

第7章　強気相場や弱気相場でのトレード

●全体評価が最も高いのはフィルター7（強気・弱気・横ばいフィルターとVVフィルター8）。

●次に良かったのがモメンタムフィルターのみの場合。

●トレンドに基づいた強気・弱気・横ばいフィルターは平均的に損益とドローダウンを改善する。

●出来高とボラティリティに基づいたフィルターは結果を改善する可能性がある。

●どのようなフィルターでも、本格的な検証を始める前に戦略に組み込む。

第8章　最良の手仕舞い法

●戦略を構築するときは、時間による手仕舞いよりも前にドテンを試す。

●ほとんどの場合、最良の手仕舞い法は単純なドテンで、次が金額による利益目標だった。

●まずドテン、次にブレイクイーブンストップを試す。

●仕掛けや現在のポジションの損益とは関係のないテクニカル指標に基づいた手仕舞い法は、検証する価値がある。

第9章　リワード・リスクの研究

●すべての状況で最適なリワード・リスク・レシオなど存在しない。

●戦略に利益目標と損切りを組み込むときは、リワード・リスク・レシオを設定するために、まずはランダムな仕掛けを試してみることを勧める。

●利益目標と損切りを近くに置いたときは（同じ足のなかで達するくらいの近さ）、使用しているソフトが提供している分析ツール（例えば、ルック・インサイド・バー・バックテスティングやバー・マグニファイヤーなど）で確認する。それをしなければ、正確な結果にはなっていないかもしれない。

●今回の研究は、ランダムな仕掛け戦略でも利益が上がるかもしれないことを示している。上の最良のリワード・リスクの表を見ると、ESをランダムに仕掛ける戦略で損切りをATRの2倍、利益目標をATRの7倍にした場合、勝率が89.4％もある。この設定を勧めているわけではないが、考えてみる価値はある。

第10章　利益や損失の足が何本で手仕舞うのがよいかの研究

●手仕舞いのタイミングを決める利益になった足のトータルでの本数（NProf）にも、損失になった足のトータルでの本数（NLoss）にも、万能な最適値はないし、２つの数の最適な比率もない。

●もしこのNProf・NLossのアプローチを自分の戦略に使ってみたいときは、私がしたように最初にランダムな仕掛けを試して適切な変数を調べるとよい。

●今回は、ラリー・ウィリアムズが行った「ベイルアウト（最初に利が乗った足」で手仕舞う方法自体は調べていない。もしかすると、NProfと損切りやドテンを組み合わせることで良い結果を得られるかもしれない。

●ランダムな仕掛けを使った今回の戦略は、CL（原油）以外は利益が出なかった。ちなみに、CLの場合はNProf＝10とNLoss＝１ならば、70％超のケースで利益が出た。「勝ちトレードは伸ばし、負けトレードは切れ」という格言は原油市場ではうまく機能するが、ほかの市場ではあきらめたほうがよいのかもしれない。

　これらのチートコードは、私自身が戦略を開発するときも使っている。あなたもぜひ試してみてほしい。そうすれば、たくさんの非生産的な検証作業を回避することができるし、そのことが速く効率的に戦略を構築する助けになってくれる。
　幸運を祈る。

ボーナス資料を入手しよう

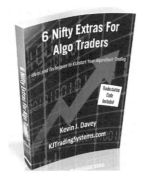

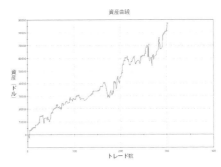

本書を読み終えたら、私のホームページにアクセスして、ボーナス
資料を入手しよう（http://www.aokbooks.com/cheat-codes.html）。

●コードパッケージ　本書で紹介した研究の多くを含むトレードステ
　ーション用のコード集
●「6Nifty Extras」　仕掛けや手仕舞い以外にアルゴトレードに使
　えるトレードステーション用の便利なコード集
●無料のミニS&P500アルゴ戦略のコード完全版
●無料のトレードウェビナーへの招待　私が定期的に開催しているウ
　ェビナーへの招待と、無料の記事やその他の情報

著者について

　ケビン・J・ダービー（Kevin J. Davey）はトレードコンテストでの受賞歴があるフルタイムのトレーダー兼ベストセラー作家。彼は、アルゴリズムトレードの世界で何十年も活躍してきた。2005年〜2007年にはワールドカップ・チャンピオンシップ・オブ・フューチャーズ・トレーディングに出場し、毎回100%超のリターンを上げて1位を1回、2位を2回という好成績を収めた。

　ダービーは、あらゆる先物市場のトレード戦略を開発し、分析し、検証している。現在は、フルタイムで個人でトレードする一方で、こちらも受賞歴がある少人数向けの「ザ・ストラテジー・ファクトリー・ワークショップ®」というアルゴリズムトレードコースを主催し、受講者のトレード力を大幅に向上させている。

　このワークショップは、高名なトレード系ウェブサイトで、2016年の「最優秀トレーディングコース」に選ばれた。詳しくは、https://kjtradingsystems.com/ 参照。

　ダービーがテクニカル・アナリシス・オブ・ストックス＆コモディティーズ誌に連載している「アルゴQ&A」というコラムや執筆したトレード本やオンラインで提供している講習会も、数々の賞を受賞している。

　ダービーは、オハイオ州クリーブランドを拠点に活動をしている。ミシガン大学航空宇宙工学科を最優等で卒業し、ケース・ウエスタン・リザーブ大学ウェザーヘッド・スクール・オブ・マネジメントではテクノロジーマネジメントでMBA（経営学修士）を修得し、成績最優秀者として学長から表彰された。

　フルタイムでトレードを始める前は、航空機部品を設計・製造する航空宇宙会社で品質工学部門の部長を務め、100人を超えるエンジニ

アや検査官やサポートスタッフを管理していた。また、クリンズ・ク
リーブランド・ビジネス誌の名誉ある「40歳以下の40人」にも選ばれ
た。

　現在は、妻と3人の子供たちとオハイオ州クリーブランド郊外に在
住。

　著作は、アルゴトレードの初心者向けとしては、**『アルゴトレード
の入門から実践へ』**（パンローリング）の第1部、アルゴトレードの
中級者から上級者向けには、**『システムトレード　検証と実践』**（パン
ローリング）、**『アルゴトレードの入門から実践へ』**（パンローリング）
の第2部、『ビギナース・ストック・マーケット・インベスティング・
ブループリント（Beginners Stock Market Investing Blueprint）』が
ある。これらのいずれの本も高く評価されている。

■監修者紹介
長岡半太郎（ながおか・はんたろう）
放送大学教養学部卒。放送大学大学院文化科学研究科（情報学）修了・修士（学術）。日米の銀行、CTA、ヘッジファンドなどを経て、現在は中堅運用会社勤務。2級ファイナンシャル・プランニング技能士（FP）。『ルール』『不動産王』『その後のとなりの億万長者』『IPOトレード入門』『株式投資　完全入門』『知られざるマーケットの魔術師』『強気でも弱気でも横ばいでも機能する高リターン・低ドローダウン戦略』『パーフェクト証券分析』『トレードで成功するための「聖杯」はポジションサイズ』『バリュー投資達人への道』『新版　バリュー投資入門』『財産を失っても、自殺しないですむ方法』『鋼のメンタルトレーダー』『投資の公理』『株式市場のチャート分析』など、多数。

■訳者紹介
井田京子（いだ・きょうこ）
翻訳者。主な訳書に『トレーダーの心理学』『トレーディングエッジ入門』『プライスアクショントレード入門』『トレーダーのメンタルエッジ』『バリュー投資アイデアマニュアル』『FX 5分足スキャルピング』『完全なる投資家の頭の中』『株式投資で普通でない利益を得る』『T・ロウ・プライス』『行動科学と投資』『不動産王』『バフェットからの手紙【第5版】』『IPOトレード入門』『トレードで成功するための「聖杯」はポジションサイズ』『バリュー投資達人への道』『鋼のメンタルトレーダー』『株式市場のチャート分析』（いずれもパンローリング）など、多数。

2022年9月3日　初版第1刷発行

ウィザードブックシリーズ ㉝

アルゴトレード完全攻略への「近道」
――より良いトレードシステムを効率的に開発するテクニック

著　者　ケビン・J・ダービー
監修者　長岡半太郎
訳　者　井田京子
発行者　後藤康徳
発行所　パンローリング株式会社
　　　　〒160-0023　東京都新宿区西新宿7-9-18　6階
　　　　TEL 03-5386-7391　　FAX 03-5386-7393
　　　　http://www.panrolling.com/
　　　　E-mail　info@panrolling.com
編　集　エフ・ジー・アイ（Factory of Gnomic Three Monkeys Investment）
装　丁　パンローリング装丁室
組　版　パンローリング制作室
印刷・製本　株式会社シナノ

ISBN978-4-7759-7302-8

ウィザードブックシリーズ 250

アルゴリズムトレードの道具箱
VBA、Python、トレードステーション、アミブローカーを使いこなすために

ジョージ・プルート【著】

定価 本体9,800円+税　ISBN:9784775972205

富を自動的に創造する世界に飛び込もう！

技術の進歩によって、今や平均的なトレーダーでもアイデアを低コストで簡単に実装できるようになった。自分のトレードアイデアをもとに最高のアルゴリズムを作成したいと思っているが、どこから始めればよいのか分からない人やプログラミングなどやったことがない人にとって、本書は完璧なコードを素早く簡単に書くための良い出発点になるだろう。

ウィザードブックシリーズ 290

アルゴトレードの入門から実践へ

ケビン・J・ダービー【著】

定価 本体2,800円+税　ISBN:9784775972595

初心者でもわかる「アルゴトレード」の基礎の基礎

第1部では、個人トレーダーのあなたがアルゴトレードに向いているかどうかが分かる。第2部では、すぐに実践だ。41の仕掛けのアイデア、11の手仕舞いのアイデア、それらのTrade Station 用のイージーランゲージコードが掲載されている。

世界一簡単なアルゴリズムトレードの構築方法

ペリー・J・カウフマン【著】

定価 本体5,800円+税　ISBN:9784775972137

あなたに合った戦略を見つけるために

本書で最も重視するものはシンプルさである。基本的なベストプラクティスから実際のシステム設計に至るまで、簡単なアプローチのほうが人々に好まれ、勝利を収めることが実証されている。

ウィザードブックシリーズ248

システムトレード 検証と実践
自動売買の再現性と許容リスク

ケビン・J・ダービー【著】

定価 本体7,800円+税　ISBN:9784775972199

プロを目指す個人トレーダーの宝物!

本書は、ワールドカップ・チャンピオンシップ・オブ・フューチャーズ・トレーディングで3年にわたって1位と2位に輝いたケビン・ダービーが3桁のリターンをたたき出すトレードシステム開発の秘訣を伝授したものである。データマイニング、モンテカルロシミュレーション、リアルタイムトレードと、トピックは多岐にわたる。詳細な説明と例証によって、彼はアイデアの考案・立証、仕掛けポイントと手仕舞いポイントの設定、システムの検証、これらをライブトレードで実行する方法の全プロセスをステップバイステップで指導してくれる。システムへの資産配分を増やしたり減らしたりする具体的なルールや、システムをあきらめるべきときも分かってくる。

ウィザードブックシリーズ183

システムトレード基本と原則
トレーディングで勝者と敗者を分けるもの

ブレント・ペンフォールド【著】

定価 本体4,800円+税　ISBN:9784775971505

あなたは勝者になるか敗者になるか?

勝者と敗者を分かつトレーディング原則を明確に述べる。トレーディングは異なるマーケット、異なる時間枠、異なるテクニックに基づく異なる銘柄で行われることがある。だが、成功しているすべてのトレーダーをつなぐ共通項がある。トレーディングで成功するための普遍的な原則だ。マーケットや時間枠、テクニックにかかわりなく、一貫して利益を生み出すトレーダーはすべて、それらの原則を固く守っている。彼らは目標に向かうのに役立つ強力な一言アドバイスを気前よく提供することに賛成してくれた。それぞれのアドバイスは普遍的な原則の重要な要素を強調している。